細說史記

入門篇

呂世浩

推薦序 〈太史公自序〉，順章成理的入門篇

臺灣大學中文系退休教授　李偉泰

世浩擬撰寫一系列的《細說史記》，以饗廣大渴望品味《史記》微旨的讀者。其《入門篇》從細說〈太史公自序〉，即詳述史公家世及其父子著述《史記》之旨趣談起，這是順章成理之事，正呼應了孟子所說：「頌其詩，讀其書，不知其人，可乎？」（《孟子‧萬章下》）

〈太史公自序〉是每一位研讀《史記》的人所必須細讀的篇章，古往今來，已有許多學者講論過這篇被譽為「文辭高古莊重，精理微旨，更奧衍宏深，是史遷一生出格大文字。」（李景星《史記評議》）如今世浩要在前人的基礎上來細說本篇，而且要有不同於前人，乃至邁越前人的成就，實屬不易，

然而他還是寫出了這部閃耀著不少亮點的大文章，確實難能可貴。

關於本書的亮點，其一是善於敘事，引人入勝。例如先講一對小兄弟的故事，再導入「聰明有用嗎」、「聰明必須提煉成智慧才有用」、提煉智慧的有效方法是「接近有智慧的人」或「讀有智慧的書」，而《史記》就是這樣一本「有智慧的書」。「一對小兄弟的故事」是否曾經發生過並不重要，重要的是這故事可以引起讀者往下看的興趣。讀者不妨試想：如果這本書是直接從第一章〈《史記》的由來〉講起，各位還會覺得作者講的《史記》能夠這麼強烈地引起你往下讀的興趣嗎？（張良和黃石公交手的故事，也可作如是觀。）

其二是筆鋒常帶感情，動人心弦。例如第三章〈什麼是責任？〉敘述司馬談臨終時對司馬遷的遺命，就相當動人心弦。讀者也許會說，這主要還是因為司馬遷的原文寫得很感人，所以作者在詮釋這一段場景和對話時也才那麼動人。這麼說固然不無道理，但有米也還得經巧婦之手調理才能成為美食，原文固然感人，但要用白話詮釋並且感動現代的讀者，沒有一支飽含感性的筆鋒還是不行的，所以原文固然本來就很感人，詮釋者筆鋒飽含感性，敘事動人也是事實。

其三是對傳統文化和歷史的傳承充滿憂患意識，隱然以傳承文化的責任與讀者共勉。作者在第三章以飽含感性的文筆寫孔子「脩舊起廢，論《詩》、《書》，作《春秋》，則學者至今則之。」以及司馬談在臨終遺言中將傳承中國的歷史傳統託付給司馬遷，要他擔負起完成他所未竟的繼孔子《春秋》之後撰寫漢代春秋的事業。作者在這一章把司馬父子承擔修史的責任寫得很清楚，也很感性。「言在此而意在彼」，作者在敘述往事時難掩其對歷史文化的綿延極其艱辛的憂慮之情，這種對歷史文化傳承至為不易的憂慮之情，肯定將會引起眾多讀者的同情共感。

其四是尊重史文原義，不廢訓詁。作者在行文中視需要或疏釋〈太史公自序〉的文詞，或逕自將其譯為白話，總以幫助讀者瞭解史文的原義為目的。這種情形屢屢見於本書，本文也就不用舉例了。

本書是否已臻至善至美？這一點讀者不必求全責備。舉例而言，部分是篇幅所限，例如司馬遷講述六藝之特質與所長，並更加詳述《春秋》之理想在於「撥亂世反之正」，作者即明言如果要把這一段話講得清楚，「又可以再寫一本書。限於篇幅，只能先跳過，等待以後有機會再談。」（頁一〇一）有些問題看來是作者為行文方便，並未加以深究，例如漢沿秦制是一個相當複雜的學術課題，作者用「此時為了方便，往往全襲秦制。」（頁一二七）二句輕輕帶過，過於簡單，應該還有許多延伸討論的空間。

總之，世浩的這本《入門篇》勝義紛陳，本文不能也毋須一一枚舉。就其論述之精到而言，謂之「進階篇」亦當之無愧。

世浩和時報文化出版社殷勤囑我為本書寫序，因而有幸在眾多讀者之前先細讀本書，感動之餘，乃略仿本書行文聊述所感，是為序。

（於國立臺灣大學中國文學系，二〇一七年十二月）

目次

前言

為什麼要讀《史記》？

只要稍有歷練的人，應該就會知道「聰明」和「智慧」其實是兩碼事。

我先講個故事吧！

從前有一對小兄弟，每天跟著私塾老師讀書。有一天老師要去城裡辦事，卻怕他前腳一出門，兩兄弟後腳就跑出去玩了。於是老師想了個方法，交代作業叫兩兄弟背書，等他中午回來要考試。

可是要他們背什麼書呢？手邊有的書，這對兄弟多半都背過了；手邊沒有的書，回來也沒辦法考試。老師靈機一動，那就叫他們背《黃曆》吧！

在古代，《黃曆》詳細記載每天的宜忌事項，幾乎家家戶戶都有一本，但很少有人會去背。老師決定交代小兄弟背下內容，然後就放心去城裡辦事了。

果然，知徒莫若師。老師前腳一出門，兄弟倆後腳就跑出去玩了。玩到快中午的時候，哥哥想到老師快回來了，緊張起來，趕快進私塾拿起《黃曆》開始看。

哥哥才看了一遍，老師就回來了，弟弟也跟著進來。進來後，老師說要考試，先考哥哥，哥哥開始背誦：「初一宜什麼忌什麼，初二宜什麼忌什麼……」，一路背下來，滾瓜爛熟，一字不差。哥哥居然看一遍就記住了！

老師非常滿意，叫哥哥暫停，換考弟弟。各位想，弟弟根本沒看過《黃曆》，能背得出來嗎？

弟弟竟然也背得出來：「初一宜什麼忌什麼，初二宜什麼忌什麼……」，一樣是滾瓜爛熟，一字不差。

老師更滿意了，但弟弟背到一半突然停了下來。老師問弟弟：「你為什麼不往下背呢？」弟弟說：「因為剛剛哥哥只背到這裡。」

這位弟弟居然比哥哥還聰明，他聽一遍就記住了！

試問各位，這兩兄弟的聰明比起你我如何？各位知道這對聰明絕頂的兄弟是誰嗎？

我也不知道。

各位不要笑，我講這個故事的目的，是為了問一個問題：

聰．明．有．用．嗎？

這對兄弟這麼聰明，但是後人根本不知道他們是誰，因為在歷史上他們一無成就。

光只是聰明沒有用，聰明必須提煉成智慧才有用。

那要如何把聰明提煉成智慧呢？

最有效的方法就是「接近有智慧的人」或「讀有智慧的書」，用別人的智慧，啟發我們自己的智慧。

但是，「接近有智慧的人」難，你身邊不一定會出現有智慧的人。就算有，你也不一定能夠明白他的智慧，因為大智者多半若愚。就算你能明白，他也不一定會跟你交朋友。

「讀有智慧的書」就容易多了，因為書就在那裡，不會跑掉。

但什麼樣的書，才是「有智慧的書」呢？

如果有一本書，過去幾千、幾百年無數聰明才智之士都共同肯定它是「有智慧的書」，都認為這本書對於啟發智慧有很大的幫助，那這本書就不會沒智慧到哪裡去。除非你認為你的聰明才智，勝過之前千百年無數位聰明才智之士。

而《史記》，就是這樣的一本書。前人把這本書推崇為「史家之絕唱」，可見《史記》在中國歷史上的崇高地位，因為在它之後，再也沒有出現過這樣的書了。

而讀《史記》碰到的第一個問題是，《史記》總共有一百三十篇，要從哪一篇開始讀起？

或許有人會有疑問，從哪一篇開始讀起，這也算是個問題嗎？事實上，這不但是個問題，而且還是「大哉問」！

在過去，老師選擇從哪一篇開始講《史記》，通常就代表了他對於《史記》的認知。如果把《史記》當成文學或故事看，通常會挑文辭優美、故事精彩的篇章，就會從〈項羽本紀〉、〈高祖本紀〉開始講起；如果把《史記》當成史料看，就會從〈五帝本紀〉、〈夏本紀〉或〈殷本紀〉講起。每個人的選擇不同，各有長處。

但這本書卻不是從文學講《史記》，也不是從史料講《史記》，而是從《史記》講《史記》。

什麼是從《史記》講《史記》？就是把《史記》當成經典名著來讀，想知道這究竟是一本什麼樣的書？更是從作者太史公的角度出發，了解他為何要寫《史記》？他又在《史記》的內容中寄託了什麼樣的含義？

我之所以用這樣的方法講授《史記》，根源於兩位老師的教導之功。

在國學上，我的啟蒙老師是　愛新覺羅毓鋆先生（一九〇六－二〇一一）。毓老師於滿清末年降生在帝王之家，他是禮親王的獨生子，因為與末代皇帝溥儀的年齡相當，被選為皇帝的伴讀，因此受業於清末大儒陳寶琛（宣統帝之太傅）、鄭孝胥、羅振玉、柯劭忞、王國維、康有為、梁啟超和葉玉麟諸先生，習經史子集之學。後至臺灣立志不做國民政府之官，開設私塾講授中國傳統文化經典。我有幸跟隨　毓老師近二十年，從四書開始讀到諸子、《易經》、《春秋》，使我得以進入真正的中國學問之門。

而在《史記》上，我的授業老師是阮芝生先生。阮老師是臺灣大學歷史系教授，也是我的碩博士論文指導教授。《史記》本繼孔子《春秋》而來，阮老師繼承這樣的正統學術脈絡，由研究《春秋》而至《史記》，先後發表過《從公羊學論春秋的性質》、《司馬遷的史學方法與歷史思想》等重要著作，以及多篇關於《史記》的研究學術論文，並提出《史記》除了兼有「正史鼻祖」、「散文大宗」、「一家之言」的性質外，更是一部「百王大法」。太史公不只想要記錄歷史，更希望從歷史中找尋人類問題的終極解答。我的《史記》之學，大多來自於阮老師的辛勤傳授。

兩位老師都教過我，在中國傳統文化脈絡中，如果真心想了解一本書，第一篇必然要從那本書的「序」開始讀起。在《史記》中，這就是〈太史公自序〉。

什麼叫做「序」？當我問這個問題，各位腦中浮現的一定是以往看過的許多現代著作裡的序。今天的序，通常是指放在一本書最前面的那一篇文章，有時候是自己寫的序，有時候是請別人寫的序。如果是自己寫的序，多半一開始會談自己為什麼要寫這本書，從什麼時候開始有寫這本書的念頭，接下來談一談感想，然後再談談要感謝哪些人。如果是請別人寫的序，則多半談論對作者的褒揚和推薦。

但是古書的序，遠遠不止如此。

我認為對於「序」這個字解釋得最好的，是民初國學大師呂思勉，他說「序」有兩個意義：

第一個意義是「序者，緒也」，就是端緒。

「緒」的部首是「糸」，做學問有時像理一團亂絲，如要整理一團亂絲，最重要是找到它的端，也就是線頭，找到了線頭，才能夠把一團亂絲梳理清楚，這就叫做「得其端緒」。讀書也一樣，書中內容可以包羅萬象，但必然有其端緒。因此讀任何一本書，要了解其端緒，則必須從序讀起。

第二個意思是「序者，次也」，就是次序。

任何一本理路清晰的書，都會有完整的架構，也就是俗稱的章節。章節要如何安排，先談什麼，後談什麼，在每一章下，每一節的先後次序又是什麼？在今天，這部分被叫做目錄。但古書的目錄往往不只有章節名稱，作者還會簡明敘述各章節的要義，一併放在序中。因此讀古書要了解內容的全體架構，都必須從它的序讀起。

當然，以上所述只限於頭腦清楚的作者寫的書，如果作者都不知道自己在寫些什麼，讀他的序和目錄是沒有用的。所幸古書的作者，頭腦多半清楚。

所以古書的序，包括了「端緒」（也就是今天所說的「序」）和「次序」（也就是今天所說的「目錄」），具有兩者合一的功能。從序去掌握一本書，是最快捷的方式，這就是古人所說為學入門之鑰匙。這也是為什麼學《史記》，一定要先讀〈太史公自序〉的原因。

而一篇佳序，必然能「述一書之體要」，包括這本書的整體結構和內容要點。從這個標準來看，〈太史公自序〉無疑是一篇非常成功的自序。現在，就讓我們開始來讀這篇被稱讚為「千古名序」的文章，進入《史記》的大門吧！

呂世浩

識于丁酉年孟冬

第一章

《史記》的由來

太史公自序，第七十。

首先打開全篇，躍入眼簾的便是篇題。

「太史公自序」是篇名，表面上看似乎是指太史公為自己的書作的序，事實上不只如此，請容我到本書最後再來解釋。

而這裡的「第七十」又是什麼意思呢？難道《史記》有七十篇自序不成？當然不是。第七十，代表這是列傳體七十篇的最後一篇。換言之，〈太史公自序〉除了是全書之序外，同時也是《史記》的最後一篇列傳。這是誰的列傳呢？是太史公的自傳，作者把本身的自傳排在七十篇列傳的最後，做為全書的總結，可見他多麼看重這篇文章。

整篇〈太史公自序〉，基本由五個部分組成：世家源流、六家要旨、受命作史、作史志意和全書敘目。第一個部分，是敘述其家族之上古源流，說明司馬家族如何由天官而成為史官世家，而後又如何失去職守，我們先從這個部分開始。

昔在顓頊，命南正重以司天，北正黎以司地。

司馬家族源起於上古顓頊帝之時，根據《史記．五帝本紀》，顓頊帝乃是五帝之一，是黃帝的孫子。而這位顓頊帝在位時，做了一件足以影響中國文明史的大事，那就是「絕地天通」。

什麼是「絕地天通」？關於這一點，現代學者存在著各種不同的解釋，限於篇幅不能詳細討論。但根據《尚書》、《國語》的相關記載來看，應該是顓頊帝將宗教事務和政治事務加以明確劃分，並分別

顓頊像
漢代壁畫

交給不同的職官來掌管。讓神的事務歸於神，而人的事務歸於人，這是人類文明史的一大進步。

顓頊帝命令由南正重掌管天官，也就是宗教事務；而北正黎掌管地官，也就是政治事務。

不過，根據後來的學者考證，「北正黎」其實應該是「火正黎」，因為火、北兩字形近而訛。那麼為何這裡不乾脆把原文更改為「火正黎」呢？這是因為「改字解經」乃是為學之大忌，除非有版本上的根據，有時明知原文極可能有誤，古人也會選擇照抄原文，而後在注解中解釋。否則萬一錯了，後人豈不是就再也看不到原文了？這正是學習傳統文化應該要有的虛心態度。

唐虞之際，紹重黎之後，使復典之。至于夏商，故重黎氏世序天地。

到了堯舜的時代，天子讓重和黎的後代，重新接續了祖先的事業。從此之後，一直到夏朝和商朝，重氏和黎氏世世代代都分別執掌天官和地官。

有學者認為重、黎是兩個人，也有學者認為重黎是一個人，紛歧之說，不能一一例舉。但從上文「命南正重以司天，北正黎以司地」的文字來看，應該是兩個人分掌南正、火正無疑。

堯帝任命重、黎後人共同掌管天文曆法。
出自明．仇英繪《帝王道統萬年圖》

但在這裡還有一個問題，司馬氏到底是南正重的後代？還是火正黎的後代？歷代許多學者都說司馬氏是火正黎之後，但從後面司馬談所說「自上世嘗顯功名於虞夏，典天官事」來看，「司天」的南正重應該才是司馬家族的先祖。

其在周，程伯休甫其後也。當周宣王時，失其守而為司馬氏。司馬氏世典周史。

後來到了西周的時候，這個家族又出了一位傑出人物，就是被封為程國伯的休甫（也有古籍記載為「程伯休父」）。他擔任周宣王的司馬，平定徐國，立下大功，於是便以官職為姓氏，這也就是「司馬」氏的由來。

而此時的司馬氏已失去了天官的世職，但仍然世世代代擔任周王室的史官。

惠襄之閒，司馬氏去周適晉。晉中軍隨會奔秦，而司馬氏入少梁。

到了東周惠王和襄王之間時，因為周

休甫像

王室爆發內亂，司馬氏避難搬到晉國。後來晉襄公病逝，權臣趙盾本來想迎立在秦國的公子雍，於是派當時掌管中軍的大夫隨會往秦迎接新君，秦國因此派軍隊護送。沒想到後來趙盾改變主意，決定立太子夷皐，而且還反攻秦軍。隨會因此憤而仕秦，由於他熟知內情，成為晉國的大患。

而當時有一支司馬氏的子孫，就跟著隨會一同到了秦國，從此住在少梁（今陝西韓城南）這個地方。

自司馬氏去周適晉，分散，或在衛，或在趙，或在秦。

自從當年司馬氏離開了周王室，搬到了晉國後，子孫開枝散葉分為了三支，分別住在衛國、趙國和秦國。像這樣同一姓的子孫最後分散到中國各地居住的情況，在歷史上是很常見的，例如鼎鼎大名的孔子後代，就有位在山東的曲阜孔氏、位在浙江的衢州孔氏，後來又多了一支位在臺灣的臺北孔氏。

其在衛者，相中山。在趙者，以傳劍論顯，蒯聵其後也。

接下來太史公分別敘述，這三支司馬氏在國史上曾經出現過哪些重要的人物。在衛國的司馬氏，後來出了一位司馬憙（銅器銘文作「司馬賙」），曾經三次擔任中山國的相邦。

在趙國的司馬氏，世代相傳劍術，以此而顯名，而其後代就是司馬蒯聵。這個人是誰？《史記》中沒有明確記載。但從《淮南子》所記：「操劍鋒以離北宮子，司馬蒯聵不使應敵」來看，應該是戰國時出名的劍客。也有學者認為，蒯聵就是〈刺客列傳〉中所說的蓋聶。

在秦者名錯，與張儀爭論，於是惠王使錯將伐蜀，遂拔，因而守之。錯孫靳，事武安君白起。而少梁更名曰夏陽。靳與武安君阬趙長平軍，還而與之俱賜死杜郵，葬於華池。

至於在秦國的司馬氏，後代出了一位名將叫司馬錯，曾在秦惠王面前與張儀爭論，究竟秦國應該先伐韓國還是先伐蜀國？而司馬錯能居然辯贏張儀（這真是值得記在家族史上的大事）！最後秦惠王命司馬錯為將，攻下了蜀國，從此成為秦國最穩定的後勤基地，源源不絕地供應物資，奠定了後來統一天下的基礎。

司馬錯的孫子叫司馬靳，是秦國第一殺神武安君白起的下屬，他和白起一起參加了決定戰國命運的長平之戰，一口氣坑殺了趙軍幾十萬人。最後也和白起一起在杜郵（今陝西咸陽西）被秦王賜死，而後葬在華池（今陝西韓城西北）。

《史記》中沒有提到司馬靳這個人，但〈秦本紀〉和〈白起列傳〉中都記有一位司馬梗，曾在長平戰後平定太原。從時代和職位來看，司馬梗和司馬靳應該是同一個人。

順便一提的是，這時少梁改名叫做夏陽。

靳孫昌，昌為秦主鐵官，當始皇之時。

司馬靳的孫子叫司馬昌，是秦始皇時的鐵官，負責鐵器國家專賣事宜。

蒯聵玄孫卬為武信君將而徇朝歌。諸侯之相王，王卬於殷。漢之伐楚，卬歸漢，以其地為河內郡。

這時太史公文筆一轉，突然又提到了在趙國的司馬氏，因為他們出了一位歷史人物，也就是曾被項羽封為殷王的司馬卬。當年陳涉起義後，命部下武臣經略趙地，結果武臣自立為趙王，有學者認為這位武臣就是武信君（項羽的叔叔項梁也曾自號為武信君，但從《史記》相關記載來看，是武臣的可能性較高）。

而司馬卬身為武信君的將領，前去經略朝歌一帶（今河南鶴壁附近），這一帶是殷商的故地。等到項羽入關後分封諸王，就封司馬卬為殷王。後來漢高祖討伐項羽，司馬卬就歸降漢朝，殷國成為了漢朝的河內郡。

各位讀者可能對司馬卬相當陌生，但你們一定聽過他的子孫，就是三國時代的司馬懿。

昌生無澤，無澤為漢市長。無澤生喜，喜為五大夫，卒，皆葬高門。

接下來，又回到秦國的司馬氏。司馬昌的兒子叫司馬無澤，司馬無澤是漢朝的市長。不過漢朝的「市」指的不是「城市」，而是「市場」，司馬無澤就是主管商業市場的官員。

司馬懿像

司馬無澤的兒子叫司馬喜，司馬喜曾經得到「五大夫」的爵位。五大夫是秦、漢二十等爵制中的第九級，原本是高爵，所以秦始皇才封泰山那棵幫他擋雨的松樹為「五大夫松」。但到了漢朝文帝之後，「五大夫」的待遇已不如前，只能替全家免除徭役。而這幾位司馬氏的先祖過世之後，都葬在高門原（今陝西韓城西南）。

從秦國司馬氏先祖們的地位一路看下來，基本可謂「一代不如一代」，整個家族似乎即將面臨衰微。但即使他們並未具有非凡的成就，為何我們在兩千年後還能知道這些人的名字？而同時代成就比他們更高的人，姓名卻湮沒無聞？

有時候人的名字所以能流傳千古，並非因為本身成就有多麼卓越，而是因為生了好子孫。

喜生談，談為太史公。

司馬氏簡易族譜示意表

司馬家族

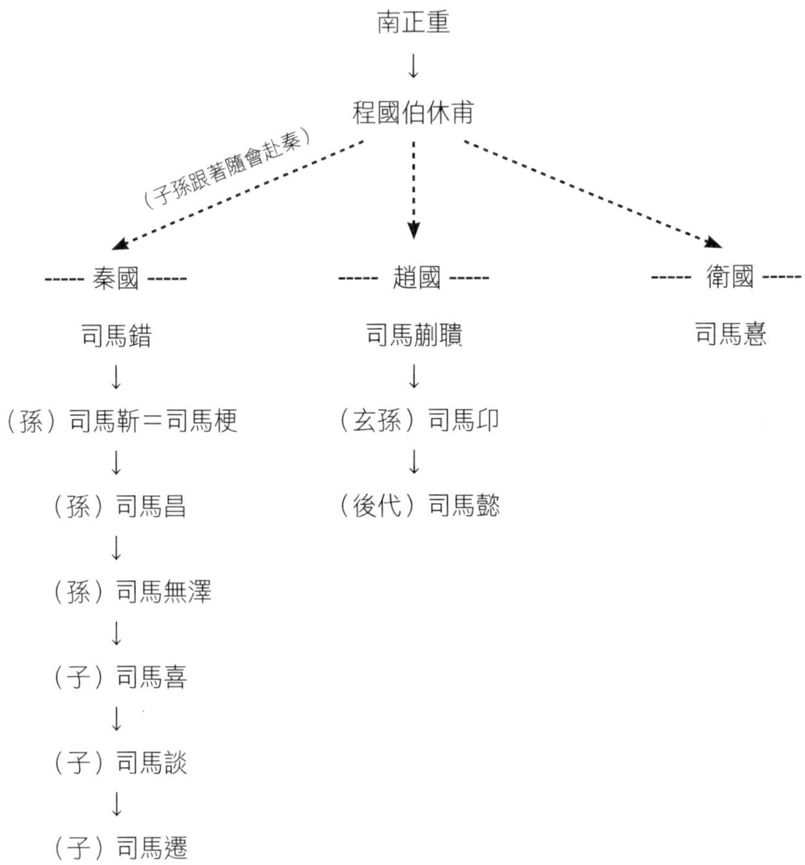

司馬喜的兒子叫司馬談，他就是太史公。

等等，太史公不是司馬遷嗎？怎麼會變成司馬談呢？其實太史公有兩位，就是司馬談和他的兒子司馬遷，他們兩位都是《史記》的作者，這是一本集父子兩代終生之力而寫成的巨著。

在嚴格講究效率、動輒著作等身的現代，已經很難想像一個人花費一輩子只為了寫一本書，更何況是兩代人。是什麼樣的動力，讓父子兩代都願意傾盡終生心血去做一件事？又是什麼樣的作品，讓他們認為這樣的付出是值得的？

這一切疑問，各位在〈太史公自序〉中都將得到答案。

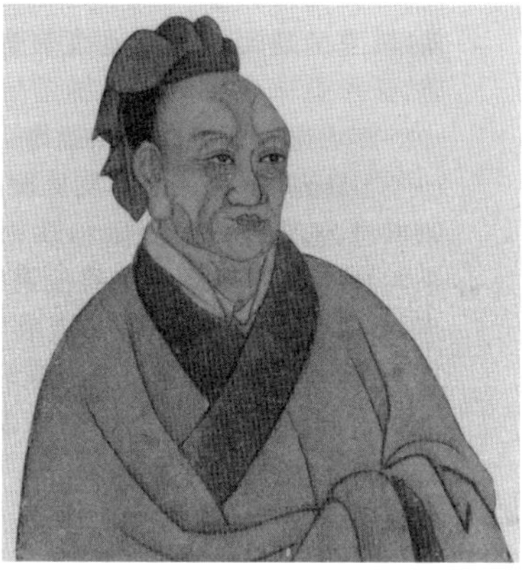

司馬遷像

第二章

如何培養孩子？

太史公學天官於唐都，受《易》於楊何，習道論於黃子。

古人為學，必先說明師承，明己學之有本，更不忘飲水思源。不只讀書人如此，連學武之人，行拜師禮的第一件事，都是由師父帶徒弟去拜祖師爺。太史公司馬談的老師一共有三位，天文曆法的老師是漢代著名的天文學家唐都（《史記·天官書》中曾提到），《易經》的老師是菑川人（今山東壽光）楊何，道家的老師是黃子（也就是《史記·儒林列傳》中所說的黃生）。從這樣的師承來看，學天官是為了繼承祖業，易經屬於王官學，道家則是百家言。王官學與百家言，乃是中華文化之兩大脈絡，這在《漢書·藝文志》有很清楚的分類。

太史公仕於建元、元封之間，愍學者之不達其意而師悖，乃論六家之要指曰……。

漢武帝年號與西元對照表

年號	西元
建元	前 140 年～前 135 年
元光	前 134 年～前 129 年
元朔	前 128 年～前 123 年
元狩	前 122 年～前 117 年
元鼎	前 116 年～前 111 年
元封	前 110 年～前 105 年
太初	前 104 年～前 101 年
天漢	前 100 年～前 97 年
太使	前 96 年～前 93 年
征和	前 92 年～前 89 年
後元	前 89 年～前 87 年二月

司馬談出仕的時代，是在漢武帝建元（西元前一四〇－一三五年）到元封（西元前一一〇－一〇五年）年間，這是漢武帝在位的前半時期。而在這段時間內，漢武帝先後進行了罷黜百家、北伐匈奴、東征朝鮮、平定南越、連通西域、幣制改革、鹽鐵專賣、推恩眾建等重大措施，對當時的天下乃至於歷史發展都具有重大的意義。

司馬談處於這樣的大時代中，因為「愍學者之不達其意而師悖，乃論六家之要指」。什麼叫做「愍」？愍者，傷痛也。什麼叫做「悖」？悖者，背逆也。「愍學者之不達其意而師悖」就是說，只要一想到學者的背道而馳就覺得無比傷痛。為了讓學者清楚道理何在，因此他寫了一篇〈論六家之要旨〉。

這篇文章是中國學術史上的鴻文，在司馬談以前，能概觀而綜論先秦學術者，只有《荀子．非十二子》篇與《莊子．天下》篇而已。但《荀子》和《莊子》都是針對個別思想家加以立論，而〈論六家之要旨〉卻首先提出了諸子基本可分為六家的概念。

〈論六家之要旨〉是大文章，如果要講得清楚，大概可以再寫一本書。由於篇幅的限制，在此只能先跳過，等待以後有機會再談。

太史公既掌天官，不治民。

請注意，這裡的「太史公」並非官名。漢代的正式官稱只有「太史令」而無「太史公」，如《漢書・百官公卿表》中說：「奉常，秦官，掌宗廟禮儀，有丞，景帝中六年更名太常，屬官有太樂、太祝、太宰、太史、太卜、太醫六令丞」，明確地記載太史乃是「令」而非「公」。而《後漢書・百官志》也記：「太史令一人，六百石」，前後說法一致。

那太史令的職掌是什麼呢？《後漢書・百官志》中說：「掌天時、星曆。凡歲將終，奏新年曆。凡國祭祀、喪、娶之事，掌奏良日及時節禁忌。凡國有瑞應、災異，掌記之」，也就是和天文、曆法、星象相關的事務，並記錄大的祥瑞和災異。而司馬談的工作既然「掌天時、星曆」，當然與民政更無直接關係。

細心的讀者可以發現，漢代「太史令」的工作其實比較像後世的「欽天監」，職掌中根本沒有撰寫史書這一項！

漢承秦制，秦朝基本對於史學抱持極其仇視的態度，所以太史公曾在《史記》中感慨「秦既得意，燒天下詩書，諸侯史記尤甚」、「獨有《秦記》，又不載日月，其文略不具」。到了漢朝，雖然沒有刻意消滅史學，但也並沒有給予重視。因此，才會出現「太史令」管天文而不修史的情況。

換句話說，司馬談與司馬遷寫《史記》純屬個人興趣，《史記》從頭到尾都是一本私修史書。

有子曰遷。

古人所說的「有子」，並不只是生出兒子而已，必須言行事業能夠不愧於父母，才叫做「有子」。這就是《禮記》中所說的：「君子之所謂孝也者，國人稱愿然曰：『幸哉有子！』如此，所謂孝也已。」

司馬談一生並未完成《史記》，而是因為有個好兒子，他的志業才不落空，這就叫做「幸哉有子」。而這個兒子的名字，就叫司馬遷。

但好兒子往往不是生出來的，而是教出來的。《史記》是一部大著作，太史公司馬談從一開始就有意讓兒子繼承這項事業。但這是個人的主觀意願，兒子能否承擔此任，要靠良好的教育栽培。接下來，各位可以看看司馬談如何培養孩子？能教育栽培出司馬遷這樣一位在國史上如此了不起的人物！

遷生龍門，耕牧河山之陽。

司馬遷出生在龍門這個地方，今日陝西韓城東北有座龍門山，相傳即為司馬遷出生地（另一說在山西河津）。

什麼是「耕牧」呢？傳統觀念都以為，中國到了漢代已經是一個純粹的農業社會，但從這裡可以看出，司馬遷小時候是且耕且牧，既從事農業，也從事畜牧。這才是當時一般基層百姓的生活形態，否則一旦氣候變化，家庭生計就很難有保障了。

什麼是「河山之陽」？山南水北叫做「陽」，山北水南叫做「陰」。所以「河山之陽」指的就是山南水北，傳統認為是在龍門山以南和黃河以北的地方。

年十歲則誦古文。

什麼是「誦」？今天的人多半會說：「不就是用嘴唸出書中的內容嗎？」

當然不是。

能夠唸出書中的文字，這只能叫識字。如果到十歲才識字，實在不是一個書香門第可能發生的事。事實上，古人所謂的「誦」，多半是指「背誦」。如《漢書．東方朔傳》中東方朔說自己「十六學詩書，誦二十二萬言」，指的就是能背誦二十二萬字。

而漢代的「古文」，往往指的是先秦時的典籍。司馬遷年僅十歲，就能背誦古文經典，這是他的基礎工夫。

二十而南游江、淮，上會稽，探禹穴，闚九疑，浮於沅、湘；北涉汶、泗，講業齊、魯之都，觀孔子之遺風，鄉射鄒、嶧；戹困鄱、薛、彭城，過梁、楚以歸。

二十歲的時候，司馬遷開始巡遊天下。

為什麼要巡遊天下？因為中國人自古相信「讀萬卷書不如行萬里路」，即使你再聰明，沒有實際的見識和歷練，那也不過紙上談兵而已。書房中，是培養不出真正人才的。

司馬談身為史學家，他深知這一點。栽培兒子的目的不是要他做書呆子，而是希望他能把所讀的東西和實際互相結合。既然已經讀過天下之書，自然希望他能去天下各地見識一番。

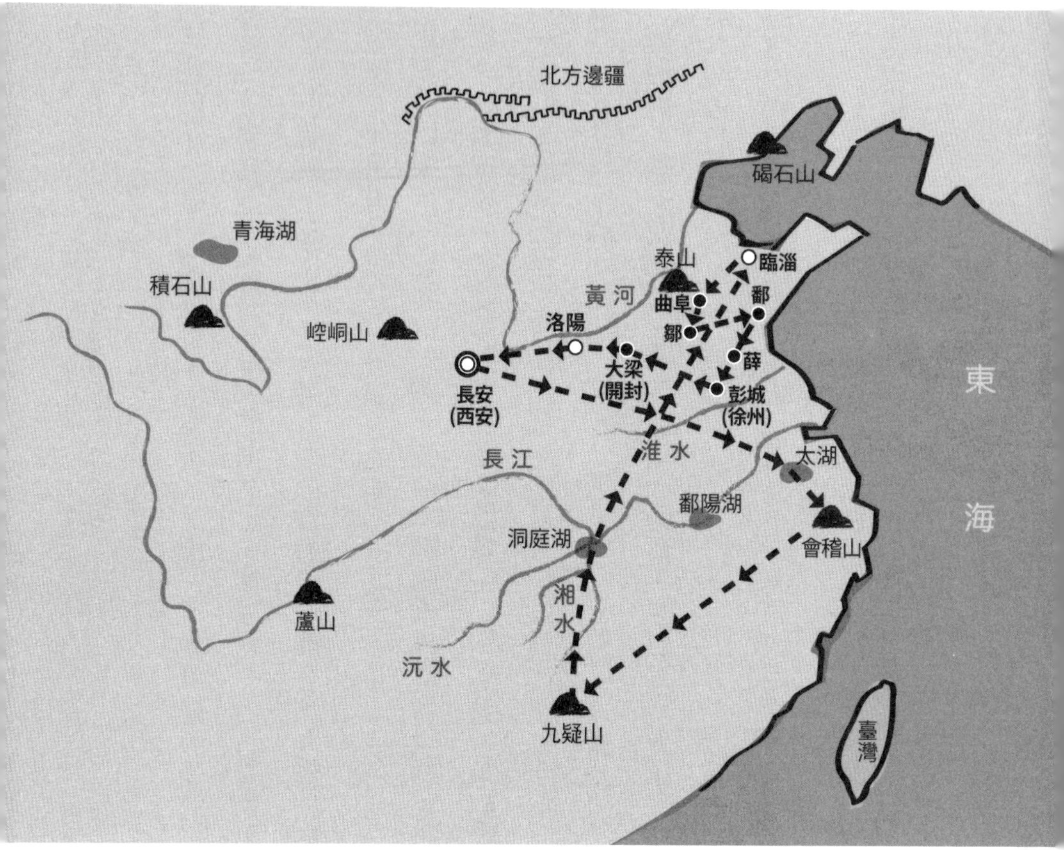
北方邊疆
碣石山
青海湖
泰山
臨淄
積石山
黃河
曲阜
鄒
崆峒山
洛陽
鄒
薛
大梁
(開封)
長安
(西安)
彭城
(徐州)
東
海
淮水
長江
太湖
鄱陽湖
洞庭湖
會稽山
湘
水
廬山
沅水
九疑山
臺灣

司馬遷二十壯遊之旅

司馬遷的第一站，選擇的是「南游江、淮」，也就是今天的江蘇、安徽一帶。然後「上會稽」，也就是今天的浙江，「探禹穴」，看看大禹當年在這裡留下什麼樣的遺跡。接下來，「闚九疑，浮於沅、湘」，九疑山和沅、湘兩水都在今天的湖南地區。

然後到了山東，「北涉汶、泗」，汶、泗兩水都在古代的魯國，也就是孔子的家鄉。「講業齊、魯之都，觀孔子之遺風」，司馬遷特地到齊、魯兩國，希望看一看孔子在那裡留下了什麼樣的遺風，因為讀書不如親眼目睹。後來司馬遷就把他在孔子家鄉的見聞，寫在〈孔子世家〉的「太史公曰」中。

「鄉射鄒、嶧；戹困鄱、薛、彭城，過梁、楚以歸」，鄒、嶧也都在今日的山東，司馬遷在當地參加了鄉射典禮；而後在山東、江蘇北部一帶遭遇患難；最後再經由漢代的梁國、楚國，也就是今天的河南、江蘇地區，回到關中老家。

司馬遷這一次的足跡，遍及漢初的東、南疆域，皆是文明富庶、歷史淵源深厚的地方。在當時，能夠如此壯遊天下的人少之又少。為什麼呢？原因很簡單，因為壯遊天下要花很多很多錢。如果沒有父親司馬談的全力支持，司馬遷在二十歲之前還沒工作的時候，很難做到。

年十歲而誦古文，二十則壯遊天下，這是司馬談對司馬遷的栽培計畫。他兒子的學術成就，在長達幾千年的中國歷史裡很少有人能夠比擬，足以證明司馬談教育方式的成功。

想栽培子女是每一個人共同的願望，做父母的沒有人不希望子女成才，可是子女成才的卻很少，為什麼呢？我們中國人喜歡說「望子成龍，望女成鳳」，但我可以很肯定地告訴各位，「望」是沒有用的！

想要兒女成龍成鳳，就要「教」子成龍、「教」女成鳳，而不是「望」子成龍、「望」女成鳳。要「望」，誰不會「望」？從小「望」到大，你「望」的事情有幾件實現了？

而想「教子成龍、教女成鳳」，就要教之有道、教之有術，不得其法，自然難以成功。

教育的首要，就是做父母的人身教重於言教。司馬談是什麼樣的人，他自己是大學問家，一言一行都會影響兒子司馬遷。光是跟兒女用講的，那叫「望」；願意具體力行，那才叫做「教」。

如果父母自己難以做到，該怎麼辦呢？

那就幫孩子找位好老師！好的老師，足以影響人的一生。司馬談深知這一點，因為他自己就「學天官於唐都，受《易》於楊何，習道論於黃子」，受學於三大名師。而根據學者考證，他幫兒子找的老師，是孔安國和董仲舒！

司馬遷跟隨孔安國學古文，跟隨董仲舒學《春秋》。在西漢一代，以學問和品德來說，都很難找出比這兩位更加傑出的人物。這是司馬談為兒子的教育所做的努力，從後來司馬遷的學術成就來看，這樣的教育是極為成功的。

於是遷仕為郎中，奉使西征巴、蜀以南，南略邛、筰、昆明。

巡遊天下回來之後，漢武帝便任命司馬遷為郎中。郎中是皇帝身邊的近衛，負責宿衛宮廷，但漢代往往會安排大臣或豪門之子，以及各種奇才異能之士來擔任郎官。因為他們有機會見到皇帝，所以常為皇帝所重用。

司馬遷擔任郎中後，武帝就派他到外面去出使。去了哪些地方呢？「巴、蜀以南」是今天四川的南方，「邛、笮、昆明」則在四川峨嵋山和雲南一帶，等於再到整個中國西南地區走了一趟。

> 還報命，是歲天子始建漢家之封。

漢武帝像

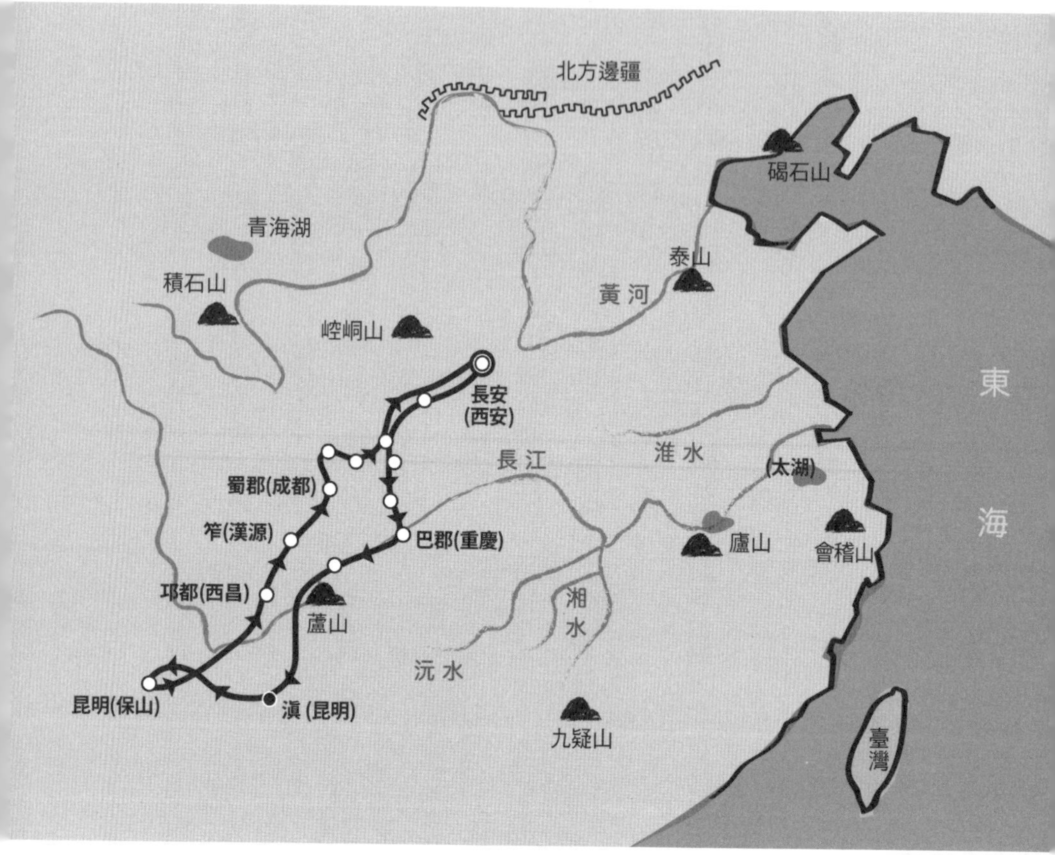
北方邊疆
碣石山
青海湖
泰山
積石山
黃河
崆峒山
長安
(西安)
東
海
淮水
長江
蜀郡(成都)
(太湖)
笮(漢源)
巴郡(重慶)
廬山
會稽山
邛都(西昌)
湘
水
蘆山
沅水
昆明(保山)
滇(昆明)
九疑山
臺
灣

司馬遷奉使西征之旅

既是奉命出使西南，回來就必須向天子呈報出使的結果，這叫做「還報命」。「是歲」，這一年是元封元年，既然叫「元封」，就知道和封禪有關係。這一年，漢武帝要去泰山封禪。

什麼是「封禪」？說「封禪」是國家或天下大事，都不足以形容其重要性。「封禪」，是中國歷史的大事。

用最簡單的比喻，古人認為「天子」並不是這個天地真正的主人，只是代「天」來管理這個天下。如果用現代公司組織來說，天子只是總經理，「天」才是董事長。這就是為何當年康熙皇帝的祭天文告，要自稱「總理河山臣愛新覺羅玄曄」的原因了。

總經理的業績如果很好，上天就會對你有所福報；總經理的業績如果不好，上天就會降下災禍。再不改過，總經理可能就會被免職。

而封禪典禮，就是天子要向天地報告，他已經把天下治理得很好。此時應該舉行一個典禮來感謝天地，讓上天知道天下現在有多好，我們對祂的感激之心有多麼強烈，這就叫「為民報德」。

因此歷代君王一旦實行封禪，就等於向天下宣告「太平盛世」的來臨。所以歷史上的封禪次數並不多。以西漢為例，從東周天下分崩離析開始，春秋戰國一直處於戰亂之中，當然沒有實施封禪的條件。後來秦始皇雖然統一了天下，也去泰山封禪，但下山時遇到狂風暴雨，秦朝也在短短十四年內滅亡，所以西漢人並不覺得那一次是真正的封禪。西漢初年，陸續有楚漢之爭、諸呂之亂、七國之亂，文景兩代省吃儉用，百姓休養生息，因此也沒有去封禪。到漢武帝時，他打算進行封禪大典，而此時距

漢武帝封禪所立的泰山無字碑

離上一位傳說去封禪的西周成王，已經將近千年之久。

因此能夠參加封禪大典，是幾百年都未必能夠碰到一次的機會。如今司馬談身為太史令，掌管天官，他絕對有資格參加。這是多少先賢苦苦等待卻未曾遇到的機會，而他居然有幸參與此事，這是何等的榮耀！

於是司馬談跟著武帝封禪的隊伍往泰山出發，但他發現事情愈來愈不對勁，因為武帝打算實行的封禪，根本就不是原來那麼一回事。

從《史記．封禪書》的記載來看，武帝之所以要去封禪，是因為神仙方士們告訴他，想求長生就必須封禪，這樣才能得到上天的福報。因此武帝根本是依照方士的意見，來設計封禪典禮。司馬談深深反對這種不是為民報德，而是為了自己求仙得長生的封禪。

倘若你是司馬談，請問這樣的封禪典禮，你還要參加嗎？

這樣千年一遇的大典，如果不參加，豈不是遺憾終生？但如此荒腔走板的典禮，如果參加了卻什麼都不說，又怎麼對得起自己身為太史的責任？

最後司馬談決定，他要勸諫漢武帝，讓封禪典禮回歸正途！這樣做的結果是什麼呢？結果是，漢武帝決定把這個討人厭的囉嗦老頭留在半路，不帶他去參加封禪大典！

而太史公留滯周南，不得與從事，故發憤且卒。

於是司馬談就被留在周南，也就是洛陽附近，被禁止參加封禪大典。他因而悲憤病倒，眼看就要死掉了。

過去有些學者認為，司馬談是因為剛好生病，所以才留在半路，無法參加封禪大典。但從本文來看，這樣的解釋恐怕有問題。因為這句話中的「故」字，是「因為……，所以……」的意思，明顯是因為「留滯周南，不得與從事」，所以才「發憤且卒」；而不是因為「發憤且卒」，所以才「留滯周南，不得與從事」。文章裡的脈絡清清楚楚，除非你要告訴我，司馬遷連他父親怎壓死的都記錯了，否則我們只能夠根據本文脈絡來分析。

而子遷適使反，見父於河、洛之閒。

就在司馬談快要死掉的時候，司馬遷剛好從西南出使回來，要經由洛陽到山東去見漢武帝「還報命」，沒想到卻在黃河與洛水之間的周南，意外地見到了父親的最後一面。

第三章

什麼是責任？

下面這一段非常重要，整篇〈太史公自序〉以此段為核心，只有讀懂這一段才會明白，太史公為什麼要寫《史記》。

太史公執遷手而泣曰：「余先，周室之太史也，自上世嘗顯功名於虞夏，典天官事。

什麼叫做「泣」？很多白話本，翻譯為「哭」，其實不對。有淚無聲謂之泣，有聲無淚謂之嚎，聲淚俱下才謂之哭。太史公司馬談淚流滿面，抓著兒子的手，對他說出遺言。

他對兒子說什麼呢？他說：「我們的祖先，原本是周朝王室的太史。在上古的時代，在虞舜、夏禹兩代曾經彰顯功名，掌管天官的事業。」

各位看，司馬談是何等念念不忘祖先的光榮，以致於臨終前還要再強調一次。

後世中衰，絕於予乎？

但他們的家族，先失掉了天官的官守；接著成為史官，後來又失掉了史官的官守。相隔了這麼多年、這麼多代，終於到司馬談這一代才又重新當上太史，才有機會重振祖先輝煌的功業。

但現在司馬談快死了，史官的事業卻還沒有完成。難道家族的光榮，又要在這一代、在他身上，就此斷絕嗎？

要特別注意，司馬談的觀念完全是中國古典文化大傳統的遺緒。這種把祖先的事業當成自己的責任，絕不能讓祖先的功業斷絕在自己身上的想法，這是司馬談畢生的信仰。

事在人為，司馬家族的光榮會不會就此斷絕，這一刻就要看一個人的選擇了。

汝復為太史，則續吾祖矣。

所以他對兒子司馬遷說，你如果再當上太史，就能把祖先的功業接續下來，我們家族的史官事業就不會在我這一代中斷了。

曾國藩說過，做大事業以選替手為第一要義。什麼叫「選替手」？就是找尋事業的接班人、繼承人。因為人的壽命不是自己可以完全掌控的，而大事業往往不是一代人就能成功。如果想要事業不會中斷，必須在一開始就準備好培養接班人。司馬談讓兒子司馬遷從小「誦古文」，求教於天下名師，二十歲壯遊天下，就是為了這一天做準備。希望他不在了以後，事業可以交給兒子繼續做下去。

今天子接千歲之統，封泰山，而余不得從行，是命也夫，命也夫！

這次天子前往泰山封禪，乃是接續已中斷千年的中華正統。但要注意，這裡的「千歲」不代表準確的一千年，只是一個概數。中國古代寫東西，有的是實數，有的是概數，大可不用太過拘泥於文字。

而這樣的曠世大典，司馬談身為太史令，卻「不得從行」。各位注意「不得從行」四字，他不是不願、也不是不想，而是不能跟著武帝前去。「是命也夫，命也夫」，這是他的命運，誰也沒有辦法。

等等，讀到這裡，大家不覺得很奇怪嗎？是武帝命令司馬談不得前去，他為什麼要說這是他的命運呢？

因為身為人臣，他不能也不敢責怪天子，因此他只能夠怪自己的命。

余死，汝必為太史。

司馬談跟兒子說：「我死了，你一定能成為太史。」

各位要知道，漢代的太史令並不是世襲制，而是由皇帝任命的。司馬談之前的太史不姓司馬，司馬遷之後的太史也不姓司馬。在這種制度之下，司馬談敢肯定地告訴兒子，他一定能成為太史，這是何等的信心？

司馬談何以有這樣的信心？因為他深知太史是一門專學，他環顧天下，再也沒有一個人能比自己的兒子更有資格擔任這項工作。武帝的種種作為，雖然司馬談未必贊同，但武帝不會沒有看人的眼光。所以司馬談非常有把握，以兒子司馬遷的才學，在自己死後，漢武帝必然會選他來繼任太史的功業。

這就是司馬談的計畫，他一步步培養兒子，到這一刻他終於有自信地說：「余死，汝必為太史。」

可是當太史，不是來享受的；當太史，是來盡責任的。

為太史，無忘吾所欲論著矣。

這位父親臨死之前，沒有交代兒子怎麼處理房產，沒有交代兒子當官祕訣，唯一交代的事情是——你得完成我想寫卻尚未完成的那部書。哪部書呢？就是後世人人皆知，各位也正在讀的《史記》。為什麼非要完成這部《史記》？司馬談接下來對兒子說了理由。

且夫孝始於事親，中於事君，終於立身。

漢代人最重視孝道，幾乎每一位皇帝的諡號都稱「孝惠皇帝」、「孝文皇帝」、「孝景皇帝」、「孝武皇帝」……，因此司馬談首先就提「孝」字。「夫孝始於事親，中於事君，終於立身」，這是《孝經．開宗明義章》的話。什麼叫「始於事親」？「身體髮膚，受之父母，不敢毀傷，孝之始也」，父母給你一個完整的身體，你怎麼能隨便損傷這個身體？你損傷這個身體豈不是讓父母傷心，這就是「大不孝」。

但倘若如此，歷史上許多成仁取義的烈士，豈不個個都是「大不孝」嗎？當然不是。

揚名於後世，以顯父母，此孝之大者。

中國的文化講究「層次」，每種「層次」自有其準則。到更高的「層次」，就出現更高的準則。

孝道的終點，即它的最高層次，就是「立身行道，揚名於後世，以顯父母」，這才是大孝。也就是讓天底下所有人都知道，你的父母教出了這麼了不起的孩子。對父母而言，沒有比孩子的成就，更讓他們感到欣慰和榮耀了。

所以按照中國傳統文化，當別人誇獎你得到什麼成就時，中國人一定不會先說是因為自己的功勞，而必然歸功於父母。沒有父母就沒有自己今天的成就，這就是中國的孝道。

而司馬談所殷殷期望於兒子的，正是「揚名於後世，以顯父母」的大孝，讓後世人都記得，司馬談有這麼一個了不起的兒子。

單就這一點來看，各位認為司馬談成功了嗎？

如果在相距兩千多年之後，歷經了無數戰亂、種種文明巨變，我們還知道司馬遷這個人，也知道他們父子二人所作的《史記》這本書，那麼不能不說，司馬談的臨終願望確實成功了。

夫天下稱誦周公，言其能論歌文、武之德，宣周、邵之風，達太王、王季之思慮，爰及公劉，以尊后稷也。

接下來司馬談舉了一個大孝的例子，就是西周初年的周公姬旦。武王伐紂後幾年便駕崩，當時幼主即位，群臣相疑，內有管蔡的叛亂，外有殷人和東夷的反撲，周朝處於風雨飄搖之中，全賴周公支撐大局，方能掃平叛亂勢力，奠定了日後周朝八百年的基業。

所以天下稱讚頌揚周公，因為他沒有讓歷代祖先的心血白費，不愧是姬家的好子孫，所以說他能「論歌文、武之德，宣周、邵之風，達太王、王季之思慮，爰及公劉，以尊后稷也」，這些全是姬周一族的歷代先人。

但世上既然有孝子賢孫能振興祖業，也會有不孝的子孫來衰敗祖業。

周公像
出自明．王圻《三才圖會》

幽、厲之後，王道缺，禮樂衰。

周公傳下的卓越功業，到了西周的厲王、幽王時，便王綱失墜，周天子再也不能維持天下的秩序，隨即帶來的是諸侯內亂，強凌弱、大併小，正義和公理無所伸張，從此天下進入了春秋戰國的亂世。

此時禮壞樂崩，大多數人只信奉力量，道德形同具文，對過去先王先聖所傳承的道理嗤之以鼻。於是臣弒其君、子弒其父，種種惡行屢見不鮮，中華文化眼看著就要瀕臨絕滅。

什麼叫做文化？文化不是博物館裡的古物，不是學者們的研究著作；文化是每個人都知道什麼話該說？什麼話不該說？什麼事該做？什麼事不該做？

歷史走到這裡，原本中華文明可能步上與希臘羅馬文明一樣的軌跡，進入黑暗時代，直到許久之後才有文藝復興的出現。但因為一個人的出現，卻改變了這樣的歷史命運。

這個人就是孔子。

孔子脩舊起廢，論《詩》、《書》，作《春秋》，則學者至今則之。

「舊」和「廢」，指的都是孔子以前歷代相傳而如今瀕臨絕滅的中華文化。這個輝煌燦爛、綿延長久的古典文明，在幽、厲之後已經逐漸走向下坡，也被當時的人急速放棄。而孔子想做的，就是把中華古典文明的精華，透過他個人的努力，讓它傳承下去。

孔子像
出自明・仇英繪〈孔子聖蹟圖〉

孔子首先蒐集古代流傳到當時的詩歌和散文，然後去蕪存菁，加以記錄編纂，這就是「論《詩》、《書》」。而後孔子自己寫了一部代表他政治思想的著作，寄託了如何讓天下人群從據亂世而能致太平的治道與治法，這就是「作《春秋》」。到了西漢，天下學者多半都還宗法孔子，就是因為他傳承了中華古典文明的正統。

自獲麟以來，四百有餘歲。

「獲麟」指的是魯哀公十四年去打獵，結果叔孫氏大夫手下的管車人捕獲了一頭麒麟之事。麒麟乃是天下有道才會出現的祥瑞之獸，但當時天下無道，卻出現了麒麟，還被卑賤之人射傷捕獲。孔子因此覺得悲痛，決定要寫《春秋》。而孔子死於魯哀公十六年，《春秋》是他最後的遺著。因此司馬談所說「自獲麟以來，四百有餘歲」，就是指孔子作《春秋》到今天已經四百多年了。

西狩獲麟圖
出自明・彩繪絹本《聖蹟之圖》

但在這裡，請各位特別注意「四百有餘歲」這個數字。根據《史記》的記載，從魯哀公十四年到司馬談死的元封元年，其實只有三百七十二年，司馬談為何要說「四百有餘歲」呢？

有學者認為，這一定是司馬談記錯了。但仔細一想，司馬談是太史令，掌管天文曆算，《史記》更是他所寫。當時的任何一個人都有可能弄錯年份，司馬談是最不可能弄錯年份的人之一。如果說司馬談病得糊塗了，但他兒子司馬遷沒有生病呀！他刻意在這裡記下一個錯誤的數字，豈不是讓父親貽笑百代？這實在不合情理。

其實這裡司馬談說的「四百有餘歲」，並不是一個實際的數字，而是別有寓義，他是刻意這麼說的。這句話到底寄託了什麼寓義？我將在後文詳述。

而諸侯相兼，史記放絕。

在西周，原本各國都有周天子所派駐的太史，負責記錄各國大事，並通告天下。這些太史們往往都是由家族內部自行傳承。例如春秋時齊國大夫崔杼弒殺齊莊公，於是齊國太史秉筆直書「崔杼弒其君」，崔杼便將太史殺死。太史的二弟繼位，仍然秉筆直書「崔杼弒其君」，崔杼便將第二位太史也殺死。太史的三弟繼位，繼續秉筆直書「崔杼弒其君」，最後崔杼無奈終於放過。

有人可能會說：「為何崔杼不把三弟也殺了呢？」因為這時鄰國的史官已經準備好，等齊國的太史死光，他要到齊國接任，繼續秉筆直書「崔杼弒其君」！

從這個故事可以明白，直到春秋時代，太史仍是由家族傳承，因此司馬談說他們的祖先「世典周史」，絕不是無中生有，而是真實的情況。

而從「崔杼弒其君」更可以看出，各國史官是以周天子的代表自居，並不認為自己是諸侯之臣，所以才會寫「弒其君」。崔杼弒他的君，而非史官之君。換言之，當時的史官擁有超然於各國的地位，所以才會產生如此強烈的榮譽和使命感。

但因為天下戰亂，諸侯們彼此兼併滅國，不知道有多少史官失去了原本的官守。隨之產生的結果，便是史記的亡佚與消失。

等等，《史記》這時不是還沒寫出來嗎？春秋戰國時，又怎會有《史記》的亡佚與消失？

其實「史記」原本是中國古代史書的通名，所有史書都可以叫做「史記」，後來才用來專指最偉大的那本史書。

而司馬談和司馬遷要寫的這本書，原來的名字並不叫《史記》。那麼這書原來的名字，到底叫什麼呢？

這本書原來的書名，叫做《太史公》。

而這本書的作者，也叫做「太史公」。以人名為書名，乃是中國文化的一大傳統。例如《老子》、《莊子》、《孟子》、《荀子》、《孫子》、《韓非子》等，莫不如是。

中國原本擁有非常好的史學傳統，時、地、人、事都記得清清楚楚。而在時間上，年、時、月、日也一應俱全。這在先秦史書中的《左傳》和《竹書紀年》，都可以看得很清楚。

但隨著天下戰亂，不知道多少史書跟著湮滅。而秦國所謂的史書《秦記》，往往連月、日也沒有，記事簡略到了極點。拿《秦記》比較《左傳》和《竹書紀年》，無疑是中國史學的巨大倒退！

今漢興，海內一統，明主、賢君、忠臣、死義之士，余為太史而弗論載，廢天下之史文。

中國史學歷經春秋戰國和焚書之禍，終於等到「今漢興，海內一統」，天下太平，老百姓得以休養生息，文化也蓬勃發展。然而如前所述，漢朝的復興並不代表史學的復興。漢朝不像秦朝那樣刻意消滅史學，但也沒有發揚史學的想法，更無修史之官。

司馬談身為太史令，因此產生了強烈的憂懼和使命感。數百年來，有這麼多「明主、賢君、忠臣、死義之士」，有這麼多值得記載在歷史上的人物，他們的偉大事蹟卻因為沒有史官記錄而消失無蹤，這無疑有愧於他太史的責任。

他有這樣的想法，並不是因為朝廷要他這麼做，而是他的使命自覺，更是他的自我期許。因為他的歷代祖先原本全是史官，這是家族的傳統，卻有那麼多代祖先都失去了這份傳承，直到他這一代才終於重新當上太史。而他擔任太史後，想要恢復的就是過去太史的真正工作，也就是修史。

但如今他要死了，真正的工作卻沒有完成。如果再沒有人接著他做，史學傳統可能就此斷絕，中國歷史也將隨之消失。

各位不要以為這是不可能的事，世界上有太多遺忘了自己歷史的民族，他們的歷史最後交給外國人來寫。等到子孫都不記得祖先了，這個文明也就消亡了。中華文明之所以始終沒有滅亡，和我們有優良的史學傳統是密不可分的，而這中間最關鍵的人物，就是這對司馬家的父子。

「余甚懼焉，汝其念哉！」

在司馬談的臨終遺言中，他託付給兒子司馬遷總共四個責任。第一個是對家族的責任，太史家族的傳統需要他來繼承。第二個是對孝道的責任，父親的遺志需要他來繼承。第三個是對文化的責任，周公、孔子以來的道統需要他來繼承。第四個是對史學的責任，中國的歷史傳統需要他來繼承。

司馬談清楚地告訴兒子，如果他不繼承這四個責任，家族的光榮、自己的志業、文化的道統、中國的史學都將就此中斷甚至滅絕，這是司馬談最害怕的事，所以他在臨終前說「余甚懼焉，汝其念哉」。什麼叫做「念」？就是「念茲在茲」，要兒子把這件事時時刻刻放在心上，無論如何一定要完成這本著作！

身為一個大學教師，我常有一種感慨。教授古代歷史或經典，最難的其實不是艱澀的名詞或文句，這些東西都可以慢慢講解。但古人擁有的某些觀念，今天已經幾乎消失或無法被接受，要讓今天的人理解這種觀念，實在是太難了。

而在這裡，我無法讓學生明白的觀念，就是「責任」兩個字。

什麼是「責任」？就是有一件事情，做了對你沒有好處，你也很難從中得到快樂，更可能純粹是付出而沒有獲得，可是你非做不可，那就叫做「責任」。

對今天的人，特別是年輕學生來說，他們一定會問：「既然做了這件事對自己沒有好處也未必快樂，更純粹是付出沒有獲得，為什麼還要去做呢？」

是啊，為什麼呢？

因為當我們能生在這樣一個沒有戰亂的富強盛世，當我們能享用如此美好的文明成果，是由於有無數的先賢先烈們努力地前仆後繼，犧牲他們的人生替後人付出。我們今天的安樂富有、我們今天所獲得的生活，是建立在無數前人付出的結果之上，因為他們都願意盡他們的責任。

在臺大教書的時候，曾有學生跟我說，他覺得他的父母不了解他的理想。遇到這樣的問題，我首先會反問：「你覺得你的父母年輕時有沒有理想？」是啊，父母是為了誰而犧牲他們的理想呢？他們或許有很多次想要辭職不幹，他們或許有很多次想要拋下一切，去過自己喜歡的日子，但他們最後還是選擇一輩子辛苦努力，看盡別人的冷眼、臉色，也要努力把這個家維持下去，努力地把你教養長大成人。他們為什麼要這樣做？因為他們愛你，因為他們認為這是他們的責任。

人類的文明就是這樣一代代綿延而下，每一代人都為了下一代付出無數的努力，盡了他們的責任。如果你真的讀懂了中國經典，就會發現經典裡面從頭到尾教的，就只有「責任」兩個字。

但如果這一代人突然說，我只想追求個人的快樂，我不想盡責任了。那麼請問：下一代要怎麼辦？以後的人類社會要怎麼辦？樂於接受上一代的諸多給予，但到了自己成為肩負責任的一代時，卻吝於付出。我認為人類文明最大的危機，大概莫過於此了。

當然，可能有人會問：「就算非做不可，為什麼是我要來盡這個責任？我不做，說不定也有別人會做啊？」

當年連橫在寫《臺灣通史》時，序中有一段極其動人的文字，讓我印象非常深刻。

他說：「顧修史固難，修臺之史更難，以今日修之尤難。」為什麼連橫要說「以今日修之尤難」呢？因為他寫《臺灣通史》的時候，是日本統治臺灣的年代。

既然這麼難，他為何非寫不可呢？連橫又說：「是臺灣三百年來之史，將無以昭示後人，又豈非今日我輩之罪乎？」因為他很清楚，如果今天不寫臺灣史，臺灣的歷史可能就要消失了，這就是司馬談所說的「廢天下之史文，余甚懼焉」。這種對於大文化傳統的使命感和責任感，在無數中國讀書人的身上都有，不只在近代的連橫身上看到，在遙遠西漢時代的司馬談身上也能看到。

而司馬談臨終對司馬遷所說的話，其實仔細分析只有四個字，那就是「責無旁貸」。環顧天下，我們父子是最有資格來做這件事情的人，只有我們受過史官完整而良好的教育，只有我們擁有不得不做的責任感，因為我們的祖先是太史。如果連我們都覺得做不到，那還有什麼人更有資格做到？如果連我們都不願意做，又有什麼資格要別人做？

父親交給司馬遷的，不是榮華富貴，而是重大的責任。司馬遷從小接受了那麼完整良好的教育，正是為了這一天的來臨。

但人終究有選擇的自由，試問，如果你是司馬遷，這一刻你的選擇會是什麼？

你會選擇承擔責任？還是逃避責任？

承擔責任會很痛苦，你的一生都將在沉重奉獻中度過，可是後世有無數人會因為你而得到好處。逃避責任可能會很輕鬆快樂，但中國歷史上將不再有《史記》這本書，後人可能因此再也不知道自身的歷史從何而來，他們可能會因而痛苦。

你的選擇是什麼，不必跟任何人說，但請不要欺騙你自己。因為你怎麼選擇，就決定了你的本質是什麼樣的人。

那麼，司馬遷怎麼選擇呢？

遷俯首流涕曰：「小子不敏，請悉論先人所次舊聞，弗敢闕。」

司馬遷痛哭流涕向父親磕頭說：「自己雖然天資駑鈍，但願意接著父親完成這部著作，把父親所有整理的部分都記錄下來，絕不讓它有所闕失。」從這句話可以看出，司馬遷知道父親正在寫《史記》，而且有一部分已經寫好了，他自謙只是接著記錄完成而已。因此我才說《史記》有兩位作者，一位是司馬談，一位是司馬遷。

就是這一刻，司馬遷向父親承諾，他不會讓中國史學在他這一代就此中斷，他會把這個責任完完整整地承繼下來。這是司馬遷對臨終的父親發出的誓言，後來他為這個誓言付出了一生，也終於完成了這項偉大的事業。

在中國史學最危險的一刻，司馬談和司馬遷父子覺得責無旁貸，於是勇敢地承擔起這個責任，把史學傳統重新接續上去。正因為有《史記》的出現，後來才接著有《漢書》、《後漢書》、《三國志》等無數史書出現，中華史學傳統終於恢復並重新昌盛。如同孔子對於中華文化的關鍵作用，太史公父子對於中國史學，可謂功莫大焉！

這就是中國人的責任感和使命感，中華文化之所以到今天還未斷絕，正是因為過去幾千年間，每當最危急的關頭，就會有無數的人願意勇敢地挺身而出！中國古代的人是為了責任而活，他們相信自己身上有責任。

我不敢強求各位如何選擇，這是你們的人生，你們有權決定。但至少至少，請各位尊重那些願意一生盡責而付出無數血汗努力的人，例如各位的父母，例如太史公。

第四章
小子何敢讓焉！

卒三歲，而遷為太史令，紬史記石室金匱之書。

司馬談過世後三年，司馬遷果然像父親臨終所預言，當上了太史令。請各位特別注意，這裡司馬遷說的是「遷為太史令」，而非「遷為太史公」。可見「太史公」絕對不是官名，而是指《太史公》這部書的作者。

太史令的正職雖是掌管天文星象，但卻有個莫大的好處，就是可以瀏覽皇家圖書館裡的藏書。漢代的皇家圖書館又叫做「祕府」或「中祕」，蒐集了各地獻上的所有圖書。各位可能會問，這和今天的國家圖書館有何不同？答案是非常不同，因為這間圖書館不對外開放，除了皇帝特許或相關官員，一般人根本看不到。而幸運的是，太史令正是相關官員之一。

司馬遷有著這樣得天獨厚的條件，因此可以蒐集皇家圖書館中所有的歷史文獻。而這些歷史文獻為了避免損害，往往收藏在石室和金櫃之中，所以這裡才說「紬史記石室金匱之書」。此時的司馬遷，已經開始接著進行《史記》的撰寫工作了。

五年而當太初元年，十一月甲子朔旦冬至，天曆始改，建於明堂，諸神受紀。

司馬談過世後五年，武帝改元為太初，這一年發生了一件於中國歷史有重大意義的事件，那就是「天曆始改」。

在太初元年之前，漢代採用的是秦朝曆法，也就是所謂的「顓頊曆」，這種曆法的特徵是以十月當做每年的第一個月。但是漢武帝打算從這一年開始，改回夏代所用的曆法，也就是以正月為每年的第一個月。「行夏之時」是孔子當初的理想，此時此刻，這樣的理想終於實現了。而曆法是太史令的專業，現在要改曆法，最重要的人物就是司馬遷。

這次改曆涉及到政治、經濟、社會乃至於宗教等各方面，是個極為浩大的工程。「十一月甲子朔旦冬至」，太初元年以甲子為初一的十一月十五日，也就是冬至，正式在國家頒布大政的明堂上，宣布了這套新的曆法。曆法一改，不是只有人受到影響，連神都會受到影響，因為所有的神明都得改為新的祭祀時日，這就是「諸神受紀」。

而從這一天開始，中國一直沿用這套以正月為一年之始的「太初曆」架構，直到兩千多年後的今天仍然如此。我們現在多半把這套曆法叫做「陰曆」或「農曆」，其實這種說法是有問題的。「陰」指的是月亮，但中國傳統曆法並非只計算月亮的運動，而是同時兼顧太陽與月亮運動的陰陽合曆，因此稱為「陰曆」並不適當。況且，中國傳統曆法更不是專門只給農人使用，事實上士農工商都在用，因此稱為「農曆」同樣也不適當。

那怎麼稱呼這套曆法最好呢？其實最好的名稱，應該就是「夏曆」。夏代表的是中國，所以古人有夷夏之分，《說文解字》就說「夏，中國之人也」，因此夏曆就代表了這是我們中國的曆法。

太史公曰：「先人有言：『自周公卒五百歲而有孔子，孔子卒後至於今五百歲，有能紹明世，正《易》傳，繼《春秋》，本《詩》、《書》、《禮》、《樂》之際？』意在斯乎！意在斯乎！小子何敢讓焉？」

這裡的太史公，指的是司馬遷，此時他已經成為了《太史公》的第二位作者。

他在這裡說了一段話，首先便從「先人有言」開始。在中國，「先人」和「前人」雖然都指過去的人，但含義不同。「先人」指的是有血緣關係的人，「前人」卻未必有血緣關係。而從後面的話來看，司馬遷這裡說的先人，明顯指的是他的父親司馬談。

已經過世的司馬談說了什麼呢？他說：「從周公逝世五百年後，中國又出現了孔子。而孔子逝世後到現在又過了五百年，中國有能夠繼承周公、孔子事業的人嗎？」

什麼樣的事業呢？

「紹」就是繼承，所以我們中國人形容子承父業叫做「克紹箕裘」。「紹明世」，就是繼承大道昌明之世。

「正《易》傳，繼《春秋》，本《詩》、《書》、《禮》、《樂》之際」，《易》、《春秋》、《詩》、《書》、《禮》、《樂》就是六經，也叫做六藝，是孔子重新整理中華古典文明的輝煌成果，代表著古代的王官學。

從上文可以明白，司馬談希望司馬遷繼承的是周公、孔子的文化事業，也就是中華文明的道統。

前面談論「自獲麟以來，四百有餘歲」時曾提到，從孔子到司馬遷連四百年都沒有，為何司馬談這裡要再一次說「自周公卒五百歲而有孔子，孔子卒後至於今五百歲」呢？

如同前文所說，這裡的「五百歲」並不是一個實數，而是一個虛數。《孟子》說：「由堯、舜至於湯，五百有餘歲」、「由湯至於文王，五百有餘歲」、「由文王至於孔子，五百有餘歲」，因此說「五百年必有王者興」！中國人相信每經過五百年，就會有一位新的聖人出來，重新帶領天下進入盛世。

因此司馬談前面說的「自獲麟以來，四百有餘歲」，和這裡說的「自周公卒五百歲而有孔子，孔子卒後至於今五百歲」，都是在期勉兒子司馬遷，天下沒有聖人久矣，應該再有一位聖人出現了。

但如果沒有聖人怎麼辦？那麼中國讀書人此時此刻就應該去承接這份文化責任，這是對於中華文明的使命感。周公死了之後，天下無聖久矣，禮壞樂崩，於是孔子自動自發出來承接了這個使命。而到了漢代，司馬遷又發揮這種精神，再度出來承接這個使命。孔子正是因此而作《春秋》，司馬遷也正是因此而作《太史公》。

司馬遷接著說：「先父的用意正在於此！先父的用意正在於此！我又怎敢推讓這個歷史重任呢？」

中國人是最重視「讓」德的民族，「讓者，禮之實也」，所以才叫「禮讓」。什麼是「讓」？原本應該是你的，而你不要，願意把這個東西給別人，這就叫做「讓」。中國人把「讓」看得無比重要，而「讓」的最高境界就是讓國、讓天下，所以古人才無比推崇堯、舜，因為他們願意禪讓。

可是這麼重視「讓」德的民族，也有「不讓」的時候。什麼時候會「不讓」呢？孔子說：「當仁不讓！」

為什麼「當仁不讓」？《論語》說：「仁以為己任」，中國人什麼都可以讓，只有責任絕對不讓。責無旁貸，是你的責任，你要讓給誰？你都不願意扛那個責任，要誰來扛？

中華民族之所以偉大，就在於中國人是不讓責任的。每當這個文明處於存亡絕續之際，就會有無數讀書人跑出來，自動自發要承接這個責任，使這個文明得以延續下去。在世界歷史上，無數文明都消亡了，兩河、埃及、馬雅文明如今安在哉？唯有中華文明得以長存，成為五千年的文明古國，原因正在於我們有這麼多了不起的讀書人，願意把這個責任承擔下來。

上大夫壺遂曰：「昔孔子何為而作《春秋》哉？」

就在司馬遷完成了夏曆改制，再次確認寫作《史記》的志向時，他的好朋友上大夫壺遂忽然問了他一個問題：「當初孔子為什麼要作《春秋》呢？」這個問題，問司馬遷真是問對人了！司馬遷的回答，可謂知無不言，言無不盡。

太史公曰：「余聞董生曰：『周道衰廢，孔子為魯司寇，諸侯害之，大夫壅之。孔子知言之不用，道之不行也，是非二百四十二年之中，以為天下儀表。貶天子，退諸侯，討大夫，以達王事而已矣。』

為什麼說這個問題問對人呢？因為司馬遷的老師，正是《春秋》學大師董仲舒。

他開口便引用老師董仲舒的教導，說出了孔子作《春秋》的原因。在東周時代，王道衰廢，中華文明陷入了危機。孔子身為魯國的司寇，希望能夠拯救這個時代，結果當權者都不接受他提出的方法，諸侯和大夫們都陷害並阻礙他。孔子周遊列國，希望得君行道，但最後一無所成。孔子知道自己的言和道在當時已經不可能實行了，於是在返回魯國後寫下《春秋》，表達自己所有的政治理想。《春秋》寄託於二百四十二年的史事之中，探討是非何在，希望能做為天下後世施政行事之標準。

什麼叫做「儀表」？中國古代傳統建築，往往會在建築物前放置巨大的木柱或石柱，以為標示之用，稱之為「恆表」或「華表」。而「恆表」或「華表」往往兩根成對，成對曰儀，故稱為「儀表」。

而在這裡，司馬遷還提到了一句話，是後世在董仲舒的著作中從未見過的，那就是《春秋》「貶天子，退諸侯，討大夫，以達王事而已矣」。

為什麼要「討大夫」？因為大夫僭越了諸侯，有著篡奪國家的野心。

為什麼要「退諸侯」？因為諸侯僭越了天子，有著篡奪天下的野心。

那為什麼要「貶天子」呢？因為天子僭越了天！原本天子只是代理上天來治理天下，他有管理權而沒有所有權，但古代王朝的統治者卻把天下當成自己的私產，想要世世代代據為己有。

《史記》曾記載一個故事：高祖取得天下後，在未央宮設宴大會諸侯群臣，高祖起身向他的父親敬酒說：「以前年輕時，父

北京天安門廣場上的左右華表舊照

親大人覺得我是個無賴，不如二哥懂得老實種地生產。請問現在我的產業和二哥相比，誰比較多？」殿上群臣全部哄堂大笑，高呼萬歲。這個故事，正表現了漢高祖把天下當成自己私產的想法。

在先秦，天子就是王。身為人就應該做人事，身為王當然就要做王事。《春秋》認為，如果王不做王事，那他就不是王。孟子傳承了孔子的《春秋》之學，在《孟子》中，齊王曾問孟子，湯武伐桀紂算不算弒君？孟子回答，他只聽過湯武殺了殘害天下的獨夫，沒有聽過誰弒君。所以《春秋》「貶天子，退諸侯，討大夫」，就是為了「以達王事而已矣」。

後來到了東漢，班固寫《漢書》時就不敢再說這個話，他把「貶天子，退諸侯，討大夫」，直接改成了「貶諸侯，討大夫」。中國的真文化，也就這樣日益流失了。

子曰：『我欲載之空言，不如見之於行事之深切著明也。』夫《春秋》，上明三王之道，下辨人事之紀，別嫌疑，明是非，定猶豫，善善惡惡，賢賢賤不肖，存亡國，繼絕世，補敝起廢，王道之大者也。……」

接著司馬遷再次引用孔子的話，說明《春秋》為何會採用史書的形式來寄託政治思想。孔子說：「與其把我的思想記載在空泛的理論之中，不如利用行事實例來解說，更加的深入、直接、顯著、明白。」而司馬遷寫《史記》，也是秉持著這樣的想法，所以顧炎武說這是「寓論斷於敘事之中」。

司馬遷認為，《春秋》這本書上可以明白三代盛世先王之治道與治法，下可以分辨世間人事之綱紀何在。世間人事之難，往往在於灰色地帶太多，以致黑白不分、是非難明。所以孔子要藉《春秋》講明大是大非究竟何在，這樣才能使人「別嫌疑，明是非，定猶豫」。倘能如此，則後人能不再以惡為善，不再以不肖為賢，自然便能「善善惡惡，賢賢賤不肖」；這句話中，前面的「善」、「惡」、「賢」、「賤」都是動詞，後面的「善」、「惡」、

「賢」、「不肖」都是名詞，如此方能使世事回到應有的秩序上。

此外，《春秋》還希望「存亡國，繼絕世，補敝起廢」，讓每一種文化都有生存、延續的機會，讓強大者幫助弱者，讓能者教育未能者。這就是孔子的理想世界，也是王道中最偉大的地方。

接下來，司馬遷又長篇講述了《易》、《禮》、《書》、《詩》、《樂》、《春秋》六藝之特質與所長，並更加詳述《春秋》之理想在於「撥亂世反之正」。這段文字也是大文章，如果要講得清楚，又可以再寫一本書。限於篇幅，只能先跳過，等待以後有機會再談。

> 壺遂曰：「孔子之時，上無明君，下不得任用，故作《春秋》，垂空文以斷禮義，當一王之法。今夫子上遇明天子，下得守職，萬事既具，咸各序其宜。夫子所論，欲以何明？」

壺遂聽完司馬遷這段話後，他只問了一個問題。

孔子寫《春秋》，是因為他生逢亂世，當時「上無明君，下不得任用」，眼見人心中的禮義皆已敗壞，改革的理想無法實現，因此只能將現實根本做不到的事情寄託於著作中，來論斷天下禮義是非的根本標準，希望後世之王能夠用《春秋》之法來建立新的王朝，撥亂反正，這就叫「垂空文以斷禮義，當一王之法」。

但你司馬遷如今生逢盛世，「上遇明天子，下得守職」，你有自己的本分工作太史令要做。明天子在上，一切都上軌道，已然「萬事既具，咸各序其宜」，為何還要效法孔子？為何還要寫像《史記》這樣的著作？

壺遂是個好人，也是個聰明人，所以太史公在《史記》中說他是「深中隱厚」之君子。從這段文字來看，他根本就知道孔子為何作《春秋》，換句話說，他對司馬遷是明知故問。

壺遂為什麼明知故問？因為他擔心自己的好朋友司馬遷，不希望他學孔子去寫像是《史記》這樣一部書。生在漢武帝如此盛世，實在是不需要也不宜「撥亂反正」。

從後來的歷史發展來看，壺遂的擔心是完全正確的。但跟著〈太史公自序〉這樣一路讀下來，各位認為，司馬遷能夠不寫這部書嗎？

太史公曰：「唯唯，否否，不然。余聞之先人曰：『伏羲至純厚，作《易》八卦。堯舜之盛，《尚書》載之，《禮》《樂》作焉。湯武之隆，《詩》人歌之。《春秋》采善貶惡，推三代之德，褒周室，非獨刺譏而已也。』

司馬遷回答壺遂：「你說得也對也不對，這件事不是這樣的。我聽父親說過：『《易經》八卦中可以看出伏羲時代純厚的風俗，《尚書》、《禮經》、《樂經》中記載著堯和舜的盛世制度，《詩經》中歌頌著商和周的興隆景象，而《春秋》嘉獎善者、貶抑惡者，推崇三代的美德，褒揚周朝的文化，並不是只有刺譏亂世而已。』」

漢興以來，至明天子，獲符瑞，封禪，改正朔，易服色，受命於穆清，澤流罔極，海外殊俗，重譯款塞，請來獻見者，不可勝道。臣下百官力誦聖德，猶不能宣盡其意。

從漢朝建立以來，傳到如今明天子在上，不但獲得麒麟、寶鼎等吉祥符瑞，還舉行封禪大典，恢復夏曆正朔，更換王朝的象徵顏色，這是一個新時代的來臨！天子受命於無窮神聖的青天，恩澤流遍無邊無際的大地，連海外風俗完全不同、語言需要重重翻譯的國家，也派使者前來長城之下，數量不可勝計。我們這些臣下百官就算每天極力頌揚天子聖明偉大的道德，都還不足以表達完整。

司馬遷說上面這兩段話，是要壺遂放心，這部書會注意文字的分寸，他一定會把主上的聖明偉大和這個時代的美好一面，全部寫入他的著作裡。更重要的是，他實在有不得不寫這部書的理由。

且士賢能而不用，有國者之恥；主上明聖而德不布聞，有司之過也。且余嘗掌其官，廢明聖盛德不載，滅功臣世家賢大夫之業不述，墮先人所言，罪莫大焉。余所謂述故事，整齊其世傳，非所謂作也，而君比之於《春秋》，謬矣。」

司馬遷認為，讀書人賢能而主上不用，是統治者的恥辱；但主上聖明，卻不能讓天下人都知道他的盛德，那就是相關官員的過失了。哪些官員呢？太史令自然是其中之一。因此司馬遷擔任太史令，卻沒有記載主上的聖明盛德，讓功臣、世家、賢大夫的功業在歷史中消逝，讓父親的著作不能完成，對他而言，沒有比這更大的罪了。

他再次安慰壺遂，他的書只是想敘述以前的故事，把歷史資料整理清楚，他不會隨便說話，更不敢比之於《春秋》，壺遂恐怕是誤會了。

但，《史記》真的不是要比之於《春秋》嗎？那他在〈自序〉中，不斷詳細敘述孔子作《春秋》的用意，又是為什麼呢？《史記》中更是處處可見模仿《春秋》的體例和筆法（關於這一點，後面會提到），這又是為什麼呢？

清朝過商侯曾經評論此文，說司馬遷「作史有家法，開口便提先人；作史有宗派，開口便提孔子；作史有折衷，開口便提董生。只此之數行，便有原有委，可法可傳。後又提筆削《春秋》，反復詳明，隱自負於尼山（孔子）之後。然哀公獲麟而《春秋》作，武帝獲麟而《史記》述，事豈非偶然者哉！」

有時候，人和人之間雖然彼此相知相惜，視對方為不可多得的好友甚至伴侶。但走到後來，你可能會明白，你和他終究會走上不同的道路。因為人生是由一連串選擇決定的，而這一刻，司馬遷終究還是再次做出了一樣的選擇。

於是論次其文，七年而太史公遭李陵之禍，幽於縲絏。

從太初元年到天漢三年，太史公又花了七年的時間，繼續撰寫《史記》。但就在天漢三年，太史公卻遭逢了他一生最殘酷的巨變，也就是李陵之禍，最後因而下獄。

什麼是李陵之禍？這個故事，要從李陵的祖父李廣開始說起。

李廣箭術高強，軍事才華出眾，當時號稱「飛將軍」。但他一生的運氣都不好，生在武帝和匈奴大戰的時代，連許多才能比他差的人都封侯了，唯獨他一直未能封侯。

李廣在人生最後一次出征時，大將軍衛青和他約定好會師的時間與地點，他卻迷路了，沒辦法在約定時間抵達會師地點。於是

李廣像

衛青使人審問李廣，結果李廣覺得悲憤羞辱，便在軍中自殺了。

各位讀者可能會有疑問，迷路是李廣自己的錯，軍中約定碰面時間、地點必須集合，這是軍法，軍法不能容情，李廣有什麼好悲憤的？

如果各位讀過《史記》、《漢書》的相關篇章，就會發現其中另有隱情。武帝用人是有偏好的，他對衛青、霍去病等外戚，常常給予他們最好的軍隊和補給，指派他們走水草最多的路線，碰到的都是匈奴的主力部隊，所以容易立大功；可是李廣往往在後勤補給上有所不足，指派他走的通常都是水草最少和最難走的道路，常常遇不到匈奴的主力軍隊，因此才容易迷路。

衛青雕像

而這次出征，衛青為了不讓李廣與自己的好友公孫敖搶功，故意又派李廣繞遠路，所以李廣才會如此悲憤。李廣在軍中極有威望，當時記載他的自殺讓「廣軍士大夫一軍皆哭。百姓聞之，知與不知，無老壯皆為垂涕」，衛青更是深深為此愧疚在心。

李廣死後，他的小兒子李敢覺得是因為衛青偏私才害死了父親，於是闖入大將軍府邸，用劍刺傷了衛青。衛青下令隱瞞此事，但他有個外甥叫霍去病，知道這件事後非常生氣，居然趁武帝出去狩獵時，把擔任郎中令的李敢殺了。李敢被殺後，武帝為了掩蓋霍去病的罪行，對外說李敢是在打獵時被鹿撞死的。

李家世代將門，居然落得如此下場！而李陵正是李廣的孫子，李敢的侄子，他從小就立志要恢復李家的光榮，努力苦練武藝、結交朋友，希望培養自己成為將才。

等到天漢二年，當時衛青、霍去病都已故去，武帝新任大舅子貳師將軍李廣利帶著三萬主力騎兵北伐匈奴，而李陵為了建功立業，主動請命，願意做為偏師走另一條道路進攻。漢武帝這個人最喜歡年少英雄，聽到這個建議十分高興，但他將所有的騎兵都給了李廣利，讓李陵帶著五千步兵出征。

當時匈奴主力正在對抗李廣利大軍，李陵軍長驅直入，最後居然殺到匈奴王庭之下。匈奴單于震驚之餘，本來打算撤退，但左右提醒他，匈奴人只會服從強者，一旦撤退，單于之位可能不保。於是匈奴單于決定召集全國八萬軍隊共同攻打李陵，李陵且戰且退，連鬥八日，全軍死者過半，殺傷匈奴一萬多人。最後箭盡糧絕，陷入重重包圍之中。匈奴人發出最後通牒，要李陵投降。

這時李陵面對兩個選擇，如果奮戰到底，這些相信他、跟隨他的弟兄們就得全部死在這裡；如果投降匈奴，李家三代的名聲將毀於一旦，但弟兄們卻可以活下來。

如果你是李陵，請問你會怎麼選擇？

在李陵之前，曾有一個人叫趙破奴，他投降匈奴後又反正歸漢，武帝卻原諒了他。李陵是否打算效法趙破奴，後人不得而知，但李陵最後選擇了投降。

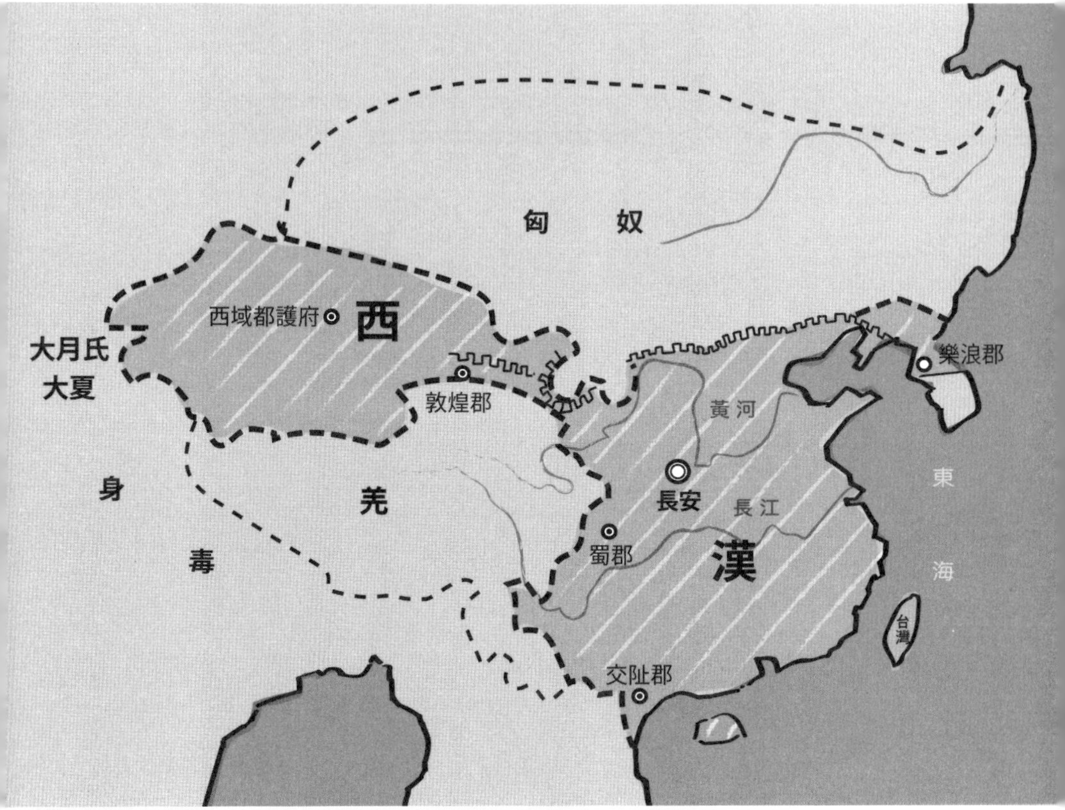

西漢疆域圖

李陵像

出自明‧陳洪綬繪《蘇（武）李（陵）泣別圖》

剛開始李陵節節勝利的時候，戰報傳來，武帝非常高興，群臣都加以祝賀，稱讚武帝慧眼識才。等到李陵且戰且退的時候，武帝憂慮擔心，群臣也惶恐不安。等到李陵投降的時候，武帝為之震驚失望，群臣隨之大罵，紛紛落井下石。

這時只有一個人在武帝垂詢時，願意幫李陵說話，認為李陵所處實是絕境，不應深罪。而且他日李陵有可能再反正歸漢，應該給他機會。這個唯一仗義執言的人，就叫司馬遷。

結果武帝龍顏大怒，認為司馬遷故意誇張李陵的功勳，這是幫漢奸說話，於是將司馬遷以「誣上」之罪下獄。

市面上有很多書都說，司馬遷被漢武帝處以宮刑，這是錯的。事實上，「誣上」之罪在漢代是死刑。

在漢代，要是被處以死刑卻不想死，只有兩個辦法：一個辦法是出五十萬錢，就能「贖死一等」，但司馬遷沒有錢；另一個辦法是「自請宮刑」，願意進宮做宦官為奴，也可以不用死。

這一刻，司馬遷面對他生命中第一次重要的選擇。此時《史記》尚未完成，如果他在這一刻死了，這部書就永遠不會完成，更不會被後人知道，我們今天也就看不到這部書了。

要選擇就此一死，讓《史記》從此不能完成？還是選擇活下來，忍受人生最大的恥辱來完成《史記》？

這一刻，司馬遷做出他人生最艱難的決定。他決定「自請宮刑」，接受了所有人都認為最恥辱的刑罰，以此留下性命，完成《史記》。

乃喟然而歎曰：「是余之罪也夫！是余之罪也夫！身毀不用矣。」

司馬遷至此，衷心長歎：「這都是我的罪！這都是我的罪！」當年司馬談不能參加封禪大典，他說「是命也夫！命也夫！」，因為他是被迫的。但現在司馬遷被關在監獄裡，他說「是余之罪也夫！是余之罪也夫！」，因為這是他自找的。既然知道無論如何都得完成《史記》，那又為什麼要出來幫李陵說話呢？

司馬遷在這一刻告訴自己，他已經毀了，這一生不可能再有前途了。這是什麼意思呢?因為在古代的中國，一個受過宮刑的人，是被社會深深不恥的，現世所有的事業、聲名、榮耀，都將離他而去。對於一個志節慷慨的讀書人來說，這是何等可怕的現實。

但是，天無絕人之路。當現實的功業不可能完成時，中國人還有最後一條路可以走，那條路是什麼呢?

退而深惟曰:「夫《詩》、《書》隱約者，欲遂其志之思也。

「深惟」就是深思，司馬遷深思後得到一個結論。

「夫《詩》、《書》隱約者，欲遂其志之思也」，為什麼說《詩經》、《尚書》隱約呢?因為《詩經》、《尚書》往往在表面的文字之外，還蘊含著作者的深意。是因為他們在現實裡有無法完成的志向，所以才寄託在文章之中。

什麼是「志」？是「士之心」。在中國人來看，士是為了志而活。

不知道各位可曾問過自己，你這一生到底為了什麼而活？難道就只為了白白虛度，混吃等死？難道就為了三頓飽一個倒，老婆孩子熱炕頭嗎？當然不應該只是這樣。中國人認為人生應該有比活下去更崇高的東西，而那就是你的「志」。

但問題來了，有的人是因為時運不濟，有的人是因為沒有遇合，有的人是因為環境或時代不允許，不是每一個人的每一種志向都有機會達成。倘若你這一生註定無法達成你的志向時，那又該怎麼辦呢？難道就此放棄、灰心喪志嗎？當然不是。

古人說，人生有三不朽，那就是「立德」、「立功」、「立言」。今天我們把讀書著作看成一件非常了不起的事，其實不是的。中國人看三不朽，「立言」排在最後一位。因為如果你有能力，為什麼不在活著的時候就去實現你的志向，也就是「立德」、「立功」呢？正是因為有人活著時不能「立德」、

「立功」，所以才會去「立言」，將自己一生的志向和智慧都寫在書中，希望千百年之後，等到新的時代來臨後，有人能實踐並完成他的志向，這就叫「欲遂其志之思」。

司馬遷不也正是如此嗎？他已經不可能「立德」、「立功」，但還可以「立言」。只要完成了《史記》，他就能讓後人明白他的智慧與志向，他如今所受的恥辱便是值得的。

這一刻，歷史上無數處境相似的先賢們，都浮現在他的心中。

昔西伯拘羑里，演《周易》。孔子戹陳蔡，作《春秋》。屈原放逐，著《離騷》。左丘失明，厥有《國語》。孫子臏腳，而論《兵法》。不韋遷蜀，世傳《呂覽》。韓非囚秦，《說難》、《孤憤》。

西伯姬昌被商紂王關在羑里的時候，命在旦夕，於是開始推演《易經》。

孔子因為曾經困於陳、蔡之間，差點餓死，於是返魯後開始寫《春秋》。屈原因為得罪楚王而被放逐，於是寫下《離騷》。左丘明失明之後，完成了《國語》。孫臏被人砍了腳，於是論述《孫臏兵法》。呂不韋有遷蜀之難，而《呂氏春秋》流傳千古。韓非有囚秦之危，《說難》、《孤憤》為其傳世之作。這些全都是面臨絕境，而最後終能以立言流傳千古之人。這一刻，這些先賢們給予司馬遷無比的力量，讓他得以堅持下去。

這樣的力量，在中國歷史上總是不斷地出現。一千多年後，南宋丞相文天祥被蒙古人抓到監獄之中，在獄中寫了一首〈正氣歌〉，裡面也例舉了無數忠臣義士的例子：「時窮節乃見，一一垂丹青。在齊太史簡，在晉董狐筆。在秦張良椎，在漢蘇武節。為嚴將軍頭，為嵇侍中血。為張睢陽齒，為顏常山舌。或為遼東帽，清操厲冰雪。或為出師表，鬼神泣壯烈。或為渡江楫，慷慨吞胡羯。或為擊賊笏，逆豎頭破裂。是氣所磅礴，凜烈萬古存。」

這一刻，齊太史、董狐、張良、蘇武、嚴顏、嵇紹、張巡、顏杲卿、管寧、諸葛亮、祖逖、段秀實的壯烈事蹟，同樣浮現在文天祥心頭，支持他成仁取義。所以最後文天祥說：「哲人日已遠，典型在夙昔。風簷展書讀，古道照顏色。」

而這，就是歷史的力量，就是幾千年來不斷支持這個文明於不墜的力量。不過該提的是，司馬遷舉的例子裡，有兩個不是那麼的準確。呂不韋撰著《呂氏春秋》，是在他遷蜀之前；韓非寫下《說難》、《孤憤》，也是在他囚秦之前。這種情況，也同樣出現在文天祥〈正氣歌〉中，嚴顏後來投降了敵將張飛，嵇紹在保護晉惠帝殉難前，也服從過篡位的趙王司馬倫。這裡只是拿相似的例子，當成比方。

最後，司馬遷做了一個結論。

《詩》三百篇，大抵賢聖發憤之所為作也。此人皆意有所鬱結，不得通其道也，故述往事，思來者。」

《詩經》的三百篇詩歌，絕大部分都是因為賢聖「發憤」而作。為什麼要「發憤」？因為在他們身處的時代環境裡，不可能實現自己的志向，所以說「意有所鬱結，不得通其道也」。因此才以文寄志，把過去的歷史和智慧記述下來，這就叫「述往事」。

那為何說「思來者」呢？因為他們寫作的目的，是為了讓來者觀之。讓後人可以藉由這部書，明白作者是個什麼樣的人，明白作者的志向何在，這樣的志向要如何達成。這樣他們就算肉體死了，精神也能長存於世。

司馬遷寫作《史記》，也是為了這個目的。所以他在〈報任少卿書〉中，說出了那流傳千古的名句：「人固有一死，死有重於泰山，或輕於鴻毛。」

於是卒述陶唐以來，至于麟止。

於是太史公忍受恥辱活了下來，最後完成了這部上起唐堯，下至漢武帝元狩元年獲麟之事，通貫數千年的史書。

細心的讀者讀到這裡應該會發現，今天我們看到的《史記》明明就不是這樣的。今本《史記》的上限從黃帝開始，而下限一直寫到武帝晚期，這又是為什麼呢？

其實在〈太史公自序〉裡，太史公一共寫了《史記》記事三個不同的上下限，這裡是第一個。「陶唐以來，至于麟止」，恐怕是《史記》最早的原始構想，但後來司馬遷調整了這個想法。

既然已經調整修改了，為何還要保留在〈太史公自序〉中呢？因為這個構想有著極為獨特的意義。當初孔子寫《春秋》，上起隱公讓國，下至哀公獲麟。而如今的《史記》記事，也希望上起堯、舜禪讓，下至漢武獲麟。

其實還不只如此，後面還有一個更明顯的例子，可以讓各位知道《史記》比附《春秋》之意，其實是非常清楚的。

第五章
成一家之言

接下來，〈太史公自序〉詳列了一百三十篇的敘目，也就是《史記》各篇要義之所在。例如：

維昔黃帝，法天則地，……，作〈五帝本紀〉，第一。

漢興五世，隆在建元，……，作〈今上本紀〉，第十二。

維三代尚矣，年紀不可考，……，作〈三代世表〉，第一。

國有賢相良將，民之師表也，……，作〈漢興以來將相名臣年表〉，第十。

維三代之禮，所損益各殊務，……，作〈禮書〉，第一。

維幣之行，以通農商，……，作〈平準書〉，以觀事變，第八。

太伯避歷，江蠻是適，……，作〈吳世家〉，第一。

三子之王，文辭可觀，作〈三王世家〉，第三十。

末世爭利，維彼奔義，……，作〈伯夷列傳〉，第一。

布衣匹夫之人，不害於政，……，作〈貨殖列傳〉，第六十九。

限於篇幅，本書無法一一講解，因為要講得清楚，大概就等於講完整本《史記》了。但有一篇的敘目一定要講，那就是本篇〈太史公自序〉的敘目。

維我漢，繼五帝末流，接三代統業。

這裡的「統業」，《漢書・司馬遷傳》中引用本文時寫「絕業」，從前後文的對偶關係來看，應該是「絕業」更適合。但就像前文所提的「火正黎」之例，除非有版本的根據，否則不應該隨便「改字解經」。

漢武帝的時代，本來是個充滿理想的時代。因為當時人認為，自東周天下戰亂、禮壞樂崩以來，正是我這個「漢」，才足以復興五帝三代以來一統盛世的輝煌文明。

可能有人會問，那秦朝呢？漢朝人不認為秦朝是正統，暴秦不足以接續五帝三代的事業，只有漢朝才是中華文明真正的繼承者。

> 周道廢，秦撥去古文，焚滅《詩》、《書》，故明堂、石室、金匱、玉版圖籍散亂。

當東周禮壞樂崩之後，秦朝不但沒有恢復中國的文化，反而「撥去古文，焚滅《詩》、《書》」，也就是後人所謂的焚書之禍。那些原本應該珍藏在廟堂中的中國傳統典籍，因此毀壞散亂。

> 於是漢興，蕭何次律令，韓信申軍法，張蒼為章程，叔孫通定禮儀。則文學彬彬稍進，《詩》、《書》往往閒出矣。

等到漢朝終於興起，天下總算迎來了一個沒有戰亂的時代。漢初群臣們為了治理天下，需要恢復相關制度，於是蕭何編纂律令、韓信申明軍法、張蒼寫作章程、叔孫通制定禮儀。不過此時為了方便，往往全襲秦制。

但畢竟文化已經逐漸恢復，有學問道德的彬彬之士們開始在各地傳學，逃過秦火的《詩》、《書》殘篇也開始出現。

自曹參薦蓋公言黃老，而賈生、晁錯明申商，公孫弘以儒顯，百年之閒，天下遺文古事靡不畢集太史公。

從黃老到申商，再由申商到儒術，太史公敘述了漢初學術的三次巨大變化。而在這百年間，天下所有出現的遺文古事，都紛紛彙集到了中央的祕府之中，供太史公參閱取用，所以才說「天下遺文古事靡不畢集太史公」。

太史公仍父子相續纂其職，曰：「於戲！余維先人嘗掌斯事，顯於唐虞，至于周，復典之，故司馬氏世主天官，至於余乎。欽念哉！欽念哉！」

漢代的太史令並非世襲，司馬談和司馬遷父子能兩代擔任太史公，這是當時的美談。因此太史公感歎地說：「嗚呼！我的祖先曾經世世代代擔任太史，從堯、舜直到周代都建立了榮顯的功業。司馬氏世代擔任天官的傳統，如今到了我的身上。」

在〈太史公自序〉中，從太史公父子把祖先世代擔任天官這件事，反反覆覆提了好幾遍，就知道這件事在他們心中的分量有多麼重。他們深深以祖先曾經擔任那輝煌偉大的古典文明時代的見證者而覺得榮耀，也深深感到自己責任之重大。

接下來各位注意這兩句「欽念哉！欽念哉！」，「欽」是什麼？我們一般形容人做事的態度，認真的叫做「敬」，散漫的叫做「肆」。而比「敬」再高一個等級的，就叫做「恭」，「敬」是一時的認真，「恭」是時時的認真。而比「恭」再高一個等級的，就叫做「欽」。「欽」就是當你捧著世界上最輕的東西，卻好像捧著世界上最重的東西，那樣地小心謹慎。所以傳統中聖旨最後都會說「欽此」，就是希望臣下要無比重視君上的意旨。

而這裡的「欽念哉！欽念哉！」，就是太史公說他把完成《史記》，看成是天底下最重要的事情，不敢有任何輕忽。

網羅天下放失舊聞，王跡所興，原始察終，見盛觀衰。

《史記》要把天下遺失的、亡佚的舊聞，竭盡所能全部網羅起來。因為這樣才能弄清楚，每一個偉大的時代究竟從何而開始，因何而結束，決定時代興盛的關鍵是什麼，決定時代衰亡的關鍵又是什麼，這就叫「原始察終，見盛觀衰」。能把這些東西都看清楚了，才叫真正讀懂了歷史。

論考之行事，略推三代，錄秦、漢。

不論是始終或盛衰，都不能空口說白話，要有具體的行事來加以論述考證。所以孔子才說：「我欲載之空言，不如見之於行事之深切著明也。」歷史學和其他學問最大的不同是，歷史學從不空談理論，歷史學講的每一個道理都必須經過無數的事例來加以驗證。

《史記》是一部通史，受限於史料的多寡，通史記事往往只能採用「近詳遠略」的原則。三代已經太久遠了，因此只能「略推」；而秦、漢接近太史公的年代，因此應該詳細記錄下來。所以《史記》在秦朝之前，往往是一個朝代寫一篇本紀，例如〈夏本紀〉、〈周本紀〉；但在秦朝之後，往往是一個人寫一篇本紀，例如〈秦始皇本紀〉、〈高祖本紀〉。

上記軒轅，下至于茲。

這裡出現了《史記》記事的第二個上下限，「軒轅」指黃帝，比前面所講的陶唐要早；「茲」就是現在，指記到太史公自身年代所見所聞為止，這是一個大概的界限，但從太史公的壽命來看，無論如何都比元狩元年要晚。這裡所談的，才是《史記》記事的真正上下限，和前面的象徵意義不同。

為什麼太史公決定改從黃帝開始寫？因為在太史公心中，黃帝是中華文明的始祖，從他開始，中華文明進入了一個輝煌偉大的開端。可是他雖然從黃帝開始寫，在〈五帝本紀〉裡，卻以堯和舜占了絕大部分的篇幅，尤其是把堯、舜禪讓的過程寫得特別清楚，可見讓德仍然是〈五帝本紀〉的重心。

著十二本紀，既科條之矣。

接下來，太史公要談《史記》全書的體例，也就是本紀、表、書、世家、列傳五體。《史記》中有十二篇

黃帝像
漢代壁畫

本紀，過去許多學者都說，本紀體專門用來記錄天子，但真是如此嗎？假如真是如此，為何項羽要立為本紀？為何惠帝不立本紀，而呂太后要立為本紀？

其實，十二本紀的目的是為了寫天下的中心。能夠宰制天下者，不管叫做霸王還是太后，太史公都會將他們的事蹟分門別類一條條記載下來。

並時異世，年差不明，作十表。

從周代到漢代分封了很多不同的

虞舜像

唐堯像

出自清・姚文翰繪《歷代帝王真像》

國家，每一個諸侯國都有自己的紀年，往往造成讀史者的淆亂。因此太史公製作了十表，將天下諸國清清楚楚地放在同一個時間序列底下，知道各國同時間正在發生什麼事，由此方能看出天下大勢之推演。

禮、樂損益，律、曆改易，兵權、山川、鬼神，天人之際，承敝通變，作八書。

書體專談古今制度之演變，八書專門談八種制度，哪八種制度呢？「禮、樂損益」，講的是〈禮書〉和〈樂書〉。「律、曆改易」講的是〈律書〉和〈曆書〉，而「師出以律」，律中自有「兵權」。「山川」講的是〈河渠書〉，「鬼神」講的是〈封禪書〉，「天人之際」講的是〈天官書〉，「承敝通變」講的是〈平準書〉。

二十八宿環北辰，三十輻共一轂，運行無窮，輔拂股肱之臣配焉，忠信行道，以奉主上，作三十世家。

天上的二十八星宿，無不環繞著中心的北極星運轉。地上車輪的三十根輻條，無不環繞著中心的車轂在運轉。天下既然有中心人物，當然也有圍繞中心的人物，這些人雖然未曾宰制天下，卻往往對於天下興亡有著重要影響。

過去許多學者都說，世家體專門用來記錄諸侯，但真是如此嗎？假如真是如此，為何孔子要立為世家？為何陳涉要立為世家？《史記》的三十世家，正是為了專門記載足以影響天下興亡的重要人物的事蹟。

扶義俶儻，不令己失時，立功名於天下，作七十列傳。

此外在歷史上，有些人雖未曾宰制天下，對天下興亡也未必有重要影響，可是他們的人生和事業都有過人的表現。《史記》的七十列傳，正是為了專門記載這些值得讓後人認識他們的人之事蹟。

凡百三十篇，五十二萬六千五百字。

本紀十二篇、表十篇、書八篇、世家三十篇、列傳七十篇，《史記》五體加起來共有一百三十篇。最特殊的是，太史公這裡不但寫明了篇數，還寫明了字數！

為什麼太史公要一個字一個字地數，把全書有多少字詳細記載下來？從這裡就可以明白，太史公有多麼害怕他這部書被人毀掉。因為在他之前，已經有無數的書被毀掉了，他希望後來的人能夠知道這部書原來是什麼樣子，把篇數、字數寫清楚，就算這部書可能遭受毀損的危機，後來的人也可以根據篇數、字數，重新復原這本書。

同時從這裡也可以知道，許多學者主張《史記》是未完成之作，這種觀點是不成立的。如果沒有完成，試問「凡百三十篇，五十二萬六千五百字」是怎麼數出來的？太史公確實完成了這部書，如果有所缺損，也是完成後才散佚和毀壞的。

但這樣做，有沒有用呢？答案是，沒有什麼用。流傳到今天的《史記》，全書的本文超過七十萬字，比太史公原來的本子要多得多。要判斷哪一部分是原文，哪一部分是後人添加的，必須要一篇篇進行具體研究才行。

為〈太史公書序〉，略以拾遺補藝，成一家之言，厥協六經異傳，整齊百家雜語。

請各位特別注意，在這一段我個人的標點，和現行其他所有《史記》書都不同。一般通行的《史記》，本段都標作：

為《太史公書》，序略，以拾遺補藝，成一家之言，厥協六經異傳，整齊百家雜語。

而我認為應該標作：

為〈太史公書序〉，略以拾遺補藝，成一家之言，厥協六經異傳，整齊百家雜語。

為什麼呢？原因是這樣的：

首先，「序略」二字意義實在不通，古今學者也很少有好的解釋。「略」如果當成「省略」來解釋，難道是指把〈自序〉給省略了？那我們現在讀的是什麼？如果是當成「概略」來解釋，指「〈太史公自序〉對全書內容作了概括」，一來與上下文不通，二來更重要的是，本篇的篇名到哪裡去了？

前面一百二十九篇在〈自序〉敘目中都有篇名，如果按通行本的標點，你絕對找不到第一百三十篇的篇名在哪裡。但按我這樣標點，那篇名就非常清楚了，本篇篇名原來不叫〈太史公自序〉，而是叫〈太史公書序〉。

讀到這裡，各位是否覺得十分有趣？讀了這本書，你會發現司馬遷原來不是被判宮刑，而是被判死刑；《史記》原名不叫《史記》，而是叫《太史公》；〈太史公自序〉原名也不叫〈太史公自序〉，而是叫〈太史公書序〉。

現在歷史學者最喜歡的，就是做這一類考證，但我更希望各位將重點放在作者和這部書的精神上。我希望各位做的是「讀書人」，而不只是「知識分子」。

〈太史公書序〉乃《史記》全書之總綱，這裡說的「略以」就是以此篇言《史記》之大略。《史記》一書的目的，正在於「拾遺補蓺，成一家之言，厥協六經異傳，整齊百家雜語」。太史公不敢說他的書能與孔子六藝（「藝」古寫為「埶」）比肩，自謙是為六藝拾遺補缺，故曰「拾遺補埶」。

什麼叫「成一家之言」呢？古時所謂的「家」，泛用可指各個學者，例如「諸子百家」；但嚴格而言，必要有獨特思想，又能有所傳承者，方可稱之為「家」。因此縱然東周學術百花齊放，司馬談最後認為有資格稱「家」者，只有陰陽、儒、墨、名、法、道德六家。而太史公在這裡卻自傲地宣稱，在六家之外，此書所代表他們父子的思想，已足以「成一家之言」，這是何等的自信！

這一家究竟應該叫做什麼呢？那當然就是「史家」！

太史公希望藉由史家之思想，用考察後的歷史事實，來調和六經種種解釋間的不同，這就叫「厥協六經異傳」。對六經，他只敢用「厥協」；對百家，他就敢用「整齊」了。將過去諸子百家許多荒誕不經的說法，一一加以整理去取，這就叫「整齊百家雜語」。

藏之名山，副在京師。

《史記》成書時，太史公一共留下兩個本子，一部「藏之名山」，一部「副在京師」。在太史公之前，從未見過這樣的做法，太史公為什麼要刻意留下兩份《史記》的本子呢？原因和他在〈太史公自序〉中說明篇數、字數的理由一樣，因為怕人毀壞他的書。

太史公在《史記・六國年表》序中曾慨歎：「《詩》、《書》所以復見者，多藏人家；而史記獨藏周室，以故滅。惜哉，惜哉！」所以他想出的解決辦法就是，一部藏在朝廷，一部藏在民間。

但這樣做，有沒有用呢？答案是，很有用。

我個人對此曾進行詳細的考證，《史記》後來確實有兩個本子，一本藏在西漢的祕府，一本傳給了太史公的女婿和女兒。後來《史記》之所以逃過無數劫難，到今天還能大體完整，就是因為兩個本子不斷彼此互補的緣故。

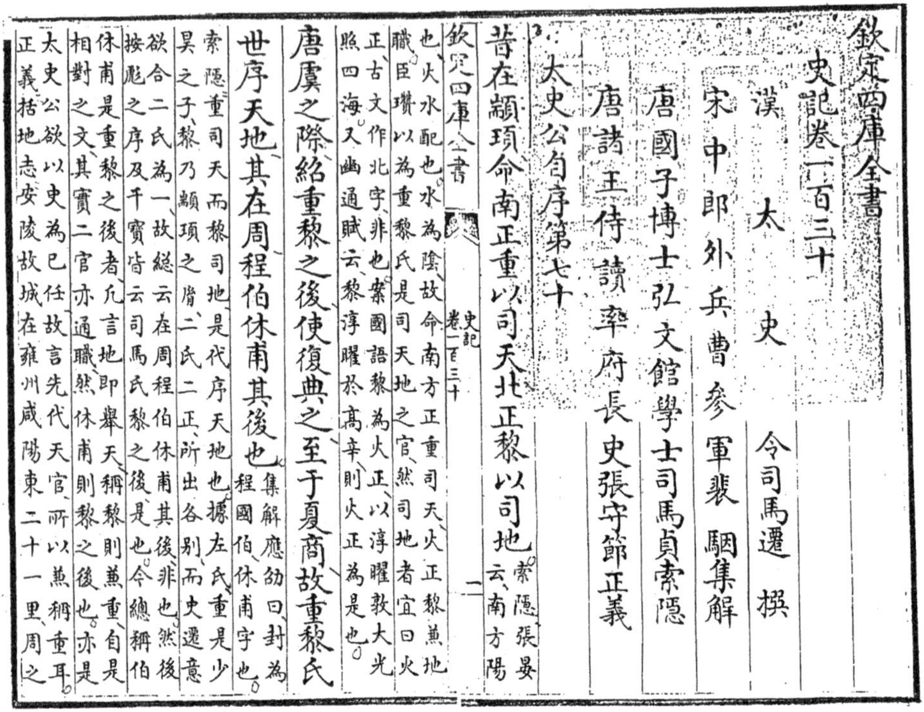

欽定四庫全書

史記卷一百三十

漢　太　史　令司馬遷　撰

宋中郎外兵曹參軍裴　駰集解

唐國子博士弘文館學士司馬貞索隱

唐諸王侍讀率府長史張守節正義

太史公自序第七十

昔在顓頊命南正重以司天北正黎以司地索隱張晏云南方陽

欽定四庫全書　史記卷一百三十　二

也火水配也水為陰故命南方正重司天火正黎兼地職臣瓚以為重黎氏是司天地之官然司地者宜曰火正古文作北字非也案國語黎為火正以淳曜敦大光照四海又幽通賦云黎淳曜於高辛則火正為是也

唐虞之際紹重黎之後使復典之至于夏商故重黎氏世序天地其在周程伯休甫其後也集解應劭曰封為程國伯休甫守也

索隱重司天而黎司地是代序天地也據左氏重是少昊之子黎乃顓頊之胤二氏二正所出各別而史遷意欲合二氏為一故總云在周程伯休甫其後非也然後按彪之序及干寶皆云司馬氏黎之後是也今總稱伯休甫是重黎之後者凡言地即舉天稱黎則兼重自是相對之文其實二官亦通職然休甫則黎之後也亦是太史公欲以史為已任故言先代天官所以兼稱重耳

正義括地志安陵故城在雍州咸陽東二十一里周之

《四庫全書》〈太史公自序第七十〉

過去對於「名山」有兩種不同的說法，一種說法認為名山是指名山大川，一種說法認為名山是指天子藏書之府。學者因此開始爭論，所謂「藏之名山」本到底是指藏在太史公家中？或是藏在天子祕府？而所謂「副在京師」本到底是指藏在太史公京師女婿家中？或是藏在天子京師祕府？

要解決這個問題很簡單，在〈報任少卿書〉裡，太史公再次提到這兩個本子，他說的是「藏之名山，傳之其人通邑大都」。把兩處拿來比對，正本都是「藏之名山」；副本則一處說「副在京師」，一處說「傳之其人通邑大都」。可見這個「傳之其人」指的就是傳給住在京師的私人，而不是指國家官府；而正本的「藏之名山」，當然就是指天子藏書之府了。

太史公為了預防萬一，一份官方收藏，一份私人收藏，兩個本子在不同的環境下，不管環境如何變動，要是像前面提到的戰國攻伐，史記散毀，藏在官府中的史書沒了，還有一個本子藏在私人；萬一私人保不住，還有官府的本子。事隔兩千多年，我們今天仍然讀得到這部書，《史記》還能大體不失，這是多麼幸運的事情，而這些全都要歸功於太史公當初的非凡設計。

俟後世聖人君子，第七十。

「俟後世聖人君子」，就是等待後世的聖人君子。前面說過，還有一個證據可以證明《史記》確實是要比附《春秋》，那就是這裡的「俟後世聖人君子」。在《春秋公羊傳》中，最後總結以「制《春秋》之義以俟後聖」；而《史記》中，最後總結以「俟後世聖人君子」。

什麼叫聖人君子？聖人君子指的是有德有位之人，也就是未來有德的國家領導者們。太史公希望以《史記》這部書，總結他在兩千多年歷史中發現的盛衰興亡的根本道理，等待後來有德有位的國家領導者以此實踐長治久安的王道理想，維繫周公、孔子以來的中華道統於不墜。

前面我們講到，太史公為了恢復祖先的光榮，為了繼承父親的志向，為了接續周公和孔子的事業，為了復興瀕臨絕滅的史學，勇敢站出來承接了這份責任，而且為此付出了一生的代價。周公之後有孔子，孔子之後有太史公；而太史公相信，在他之後，還會有無數後世的聖人君子出來承接這個文明的責任。這一點也是中國文化最了不起的地方，中國人永遠都有後望。在自己的時代完成不了的事業，就撰寫著作寄託給後世的人，所以中國才會有這麼多充滿智慧的偉大著作。

太史公曰：「余述歷黃帝以來，至太初而訖，百三十篇。」

這是《史記》的最後一句話，在這裡太史公再次提到了《史記》的第三個上下限。他敘述上起黃帝，下至漢武帝太初年間的所有重要史事，一共是一百三十篇。

就在這篇〈太史公自序〉中，前前後後提到了三個不同的上下限。第一個是「起於陶唐，至于麟止」，第二個是「上記軒轅，下至于茲」，第三個是「黃帝以來，至太初而訖」，到底哪一個上下限才是真的？

有這樣的疑問再自然不過，而我要告訴各位，事實上三個上下限統統都是真的。

古人寫書，有寫實和寫意之分。例如前面提到，孔子獲麟到司馬談臨終一共是三百七十二年，這就是寫實；司馬談說「自獲麟以來，四百有餘歲」，暗示接下來快到五百年聖人出的年份，這就是寫意。

而《史記》的上下限也是如此。「起於陶唐，至于麟止」是為了比附孔子《春秋》，這是寫意；「上記軒轅，下至于茲」、「黃帝以來，至太初而訖」是實際記事的年份，這是寫實。

但同樣是寫實，也有所謂的大限和小限的區分。下限大致寫到太初為止，是《史記》記事的理想規劃。但歷史不太可能一刀切，總不能一記到太初為止，不管史事結束與否統統中斷，這樣寫就不是完整的歷史了。只要這件事還有後續發展，作者還是會把後續發展盡量寫清楚，所以才說「下至于茲」。

《史記》是一部長篇著作，一部厚重著作的最後一章也必然要是厚重文字，這樣才不會有頭重腳輕、虎頭蛇尾之嫌，才能收束得住，承載得起。正因如此，所以〈太史公自序〉也必須是長文。

〈太史公自序〉既是篇長文，一篇長文的最後段落也必然要是厚重文字，這樣才不會有頭重腳輕、虎頭蛇尾之嫌，才能收束得住，承載得起。正因如此，所以〈太史公自序〉的敘目也必須是長文。

如果各位仔細回顧〈太史公自序〉最後一段敘目的結構，就會發現它總共分成三層來收束全篇。第一層是前面一百二十九篇的敘目，從〈五帝本紀〉一路寫到〈貨殖列傳〉，這是一段大長篇文字。第二層是第一百三十篇〈太史公自序〉本身的敘目，從「維我漢，繼五帝末流，接三代統業」一路寫到「俟後世聖人君子，第七十」，同樣是一段長篇文字。

到了第三層，就不一定要長篇文字，但文句氣勢本身必須要夠大，才能鎮住全書。因為這不但是敘目的最後一句，同時也是〈自序〉的最後一句，更是《史記》全書的最後一句。而到了這裡，太史公只用一句話便鎮住了這部內容磅礡的著作，那就是「余述歷黃帝以來，至太初而訖，百三十篇」，浩瀚歷史長河彷彿一瞬之間從所有人眼前一閃而過，這就是行文之氣勢！

各位不要小看這句話，這句話雖不長，但本身也分成三層來收束。以「余述歷黃帝以來」溯及上古，是第一層收束；以「至太初而訖」下至當世，是第二層收束；以「百三十篇」通貫全書，是第三層收束。〈自序〉的敘目分成三層收束，而敘目的最後一句也分三層收束，這才叫收束得住，承載得起。

太史公為文思考之周密，真令人讚歎！

前人評〈太史公自序〉，行文有如長江萬里圖。起源由遠古顓頊帝的時代開始說起，如同長江發源於幽遠深邃之高山，可謂源遠流長。此後一路述及家族的綿延、文化的傳承、父親的託付，以「六家皆務為治」總結百家之言，又以「六藝於治一也」總結王官之學，而以「接周孔、繼春秋」通貫全文，有如長江之滔滔莽莽。最後總述百三十篇敘目，更有如長江入海之豁然開朗、氣勢萬千。

但長江入海氣勢雖大，必要能夠收束得住，方不致有散漫之嫌。自然造物極其奇妙，有個地方叫佘山島，剛好就在長江出海口之處，因為有這一個小島，才能收訖整個長江的氣勢，做了完美的平衡，所以前人給了佘山島另一個美名，就叫「長江萬里石」。而這句「余述歷黃帝以來，至太初而訖，百三十篇」的「太史公曰」，正是全文的長江萬里石。《史記》到此作結，氣勢宏偉，完全沒有頭重腳輕之憾。太史公被後人譽為「散文大宗」，其有虛言哉！

第六章

非僅一代良史，明為百王大法

讀完〈太史公自序〉之後，讓我們再回頭做個總結。《史記》這部書為什麼如此偉大？在於作者有著後人無法比擬的條件。哪些條件呢？

第一，有工夫。「書生十年磨一劍」，別人寫書，能下十年工夫已是難能可貴，最多最多，也不過就是下一輩子的工夫。而《史記》這部書，卻是父子二代連續下了兩輩子的工夫。

第二，有天才。做任何事情想出類拔萃，沒有天賦是很難的。太史公有沒有天才？各位讀他寫的〈太史公自序〉之美，就可以看出太史公的非凡才氣。前人言〈五帝本紀〉文字古典雅潔，〈秦始皇本紀〉文字刻削嚴殺，〈刺客列傳〉文字則慷慨悲歌。一般人行文能寫出一種風格便已難能，《史記》卻是篇篇都寫出不同風格。

第三，有資料。歷史學和其他學問不同，這世上有隱居深山的文學家，可是絕對沒有隱居深山的史學家，為什麼？因為做歷史學必須要有史料，不能空口說白話。才氣再夠、工夫再足，沒有足夠的資料就沒有辦法寫歷史。太史公生逢盛世，「天下遺文古事靡不畢集太史公」，能夠讀到天下藏書。

第四，有家世。司馬氏是太史世家，這樣的世家背景賦予他過於常人的使命感和責任感。一般人面對生命中的困難，是為了自己而努力奮鬥。而太史公面對生命中的無數困難，卻是為了家族的責任而奮鬥，他的意志過人根源於此。

第五，有教育。他的父親細心地教育栽培他，從「年十歲則誦古文」，擁有良好的學問基礎。到二十歲壯遊天下，看遍天下名山大川，體會先聖先賢遺澤，是以見識胸襟能夠遠遠超越常人。

第六，有師承。他的兩位老師孔安國和董仲舒，是當時全天下最好的老師。為學必覓良師，俗話說得好：「師父領進門，修行在個人」，如同子貢感慨：「不得其門而入，不見宗廟之美，百官之富。」

可是，單憑有工夫、有天才、有資料、有家世、有教育、有師承，都還只能成就一部優秀的著作，尚不足以成就一部偉大的著作。沒有這些條件，這部著作不可能偉大；但有了這些條件，也不代表這部著作必然偉大。因為還有一個最關鍵的條件，那就是「有境界」。

境界是人和人之間相比，最難趕上的東西。有時候，有些人聰明未必如你、努力未必如你，可是他看事情的看法就是和你不一樣。為什麼？因為他們境界比你高。

什麼是境界之差呢？舉例而言，聰明和智慧就是兩個完全不同的境界。而在智慧之上，中國人認為還有個更高的境界叫做「天機」。

什麼是「天機」？莊子說：「嗜欲深者天機淺」。有些人不是不夠聰明，也不是沒有處事的智慧，但他們的人生最後仍然失敗了。他們失敗的原因，往往來自於嗜欲太深。如同我以前所說的，秦始皇的處事智慧絕對勝過常人十倍百倍，可是最後卻落得身死國滅、斷子絕孫的下場，便是因為欲壑難填，欲令智昏。

人有了欲望，眼睛就容易被遮蔽，思考就會受影響，只想看到自己想看的，只想知道自己想知道的。莊子因此教我們，想追求比智慧更高的境界，就必須去掉自己的嗜欲，「嗜欲深者天機淺」，反過來就是「嗜欲淺者天機深」。能夠去掉多餘的欲望，才能幫助你客觀地看待事物，才能如司馬談在〈論六家要旨〉中所說的「與時遷移、應物變化」。

那麼，人的境界究竟從何而來呢？如果我們通覽歷史，就會發現人的境界，要靠自我要求才能得來。一個真心想成為聖人的人，就算最後未必能成為聖人，但是也絕對不會變成小人。一個立志流芳百世的人，和一個立志只想天天拿薪

莊子像

水混吃等死的人，他們的境界會一樣嗎？一個立志想寫出流傳後世經典的人，跟一個只想混稿費、升等提職稱的人，他們的境界會一樣嗎？當然不可能一樣。要成為什麼境界的人，就必須下真工夫，是真心去求，不是嘴巴說說而已。

太史公的境界，又從哪裡來呢？從他的「忠孝心」而來，從他立志「接周孔、繼春秋，俟後世聖人君子」而來。

什麼叫做「忠」？「盡己之謂忠」，能夠盡到自己的責任就叫做忠。「君子素其位而行，不願乎其外」，你在什麼位置上，就該盡到應盡的責任，這就叫做「忠」。身為領導者，就該盡到領導者的責任。身為部屬，就該盡到部屬的責任。身為父母，就該盡到父母的責任；身為兒子，就該盡到兒子的責任。孔子所說「君君、臣臣、父父、子子」，指的是責任，而不是權力。而太史公有太史的責任，在中國史學存亡絕續之際，他自覺責無旁貸，應盡身為太史的責任，這就是他的「忠」。

什麼叫做「孝」？「立身行道，揚名後世，以顯父母，孝之大者也」，他願意繼承父親的遺志完成《史記》，讓祖先的光榮、父子的成就，不隨著歷史而湮滅，這就是他的「孝」。

「忠孝心」這個觀念，已經很難為現代人所理解。大丈夫必有真性情，願意真心盡自己忠孝的責任，這是太史公的真性情。也因為有這樣的真性情和自我要求，所以他的境界才如此出眾，這部書才如此偉大。

而《史記》究竟偉大在什麼地方呢？這部書一共有四個特質：

在「史部」，《史記》是「正史鼻祖」。

《史記》為什麼能夠成為正史的開山始祖？因為它「首創紀傳」。在《史記》之前，中國史書的正式體裁是編年體，按照年、時、月、日的次序，把事情一件一件依序敘述。《史記》不是這樣子，紀傳體基本上是以人物為中心，以人為本位，這在中國史學上是石破天驚的事情。

此外，《史記》有「創造五體」之功，也就是本紀、表、書、世家、列傳的體例。後世所有正史，基本都沿襲這樣的體例不改。宋代史學家鄭樵說《史記》「使百代而下，史官不能易其法，學者不能舍其書」，從這句話可知《史記》在後人心中有多麼崇高的地位。

而且《史記》立志「通貫古今」，太史公從他所能追溯到中華文化的始祖黃帝開始寫，一路寫到自身的當代為止。這是一部通史，惟有通史才能夠整體通貫地觀察古今之變的發展，培養出「全史在胸」的眼光。

更加難得的是，《史記》還「體大思精」。這部書不只在時間上是源遠流長的通貫，在空間上，更是涉及了作者所知當時中國以外的整個人類世界，所以他寫匈奴、朝鮮、西南夷和西域。太史公想寫的不只是一部中國史，而是一部以中國為中心的世界史。

所以《史記》能成為正史鼻祖，是因為它首創紀傳、包含五體、貫通古今、體大思精。這四點讓後世其他史書無法與之比肩，鄭樵稱讚《史記》說「六經之後，惟有此作」，正是因為如此。

在「集部」，《史記》是「散文大宗」。

中國的文體有「散文」和「韻文」兩大類，自古以來教人學習散文，不能不讀《史記》。黃庭堅曾說：「凡為文，須熟讀司馬子長、韓退之文」，指的就是司馬遷和韓愈的文字。韓愈是唐宋八大家之首，在後人來看，司馬遷的文章還更在韓愈之上。

韓愈像

為什麼呢？後人推崇司馬遷的文字，說他行文「雄、深、雅、健」。「雄」是形容其氣勢，「深」是形容其內涵。既有氣勢又有內涵已然難得，更難得的是文字典雅。而典雅的文字寫得不好，容易死氣沉沉，可是司馬遷的文字卻充滿勃勃生機，讓人自強不息，這就叫做「健」。

除此之外，前人更說《史記》的文章「有奇氣」。什麼叫做奇氣？「讀古人文，於起滅轉接之間，覺有不可測識之處，便是奇氣」。簡單地說，他寫的東西讓你讀之前想不到，讀之後忘不了，這就叫做「奇氣」。

如前面所說，尤其可貴的是《史記》一百三十篇，每一篇因為描寫人物和時代的不同，文風也完全不同，一篇一個面貌，篇篇都有獨到之處，這是《史記》在文學上最了不起的地方，後世幾乎無人可及。

在「子部」，《史記》是「一家之言」。

中國人把能夠「卓然成家」看得很重，不是什麼人都有資格稱為「家」。例如在清代，大家公認文章寫得最好的是安徽桐城人，當時號稱「天下文章出桐城」。可是他們雖自稱為「桐城家」，後人卻只叫他們「桐城派」。一字之差，差了多遠！

而《史記》不僅只是記載歷史，更在「寓論斷於敘事之中」，成就了獨特的思想風格。就從這部書模仿《老子》、《孟子》、《孫子》，原本的命名為《太史公》來看，就知道它除了是一本史書之外，更帶有子書的性質，這是無庸置疑的。

到此，我們已經介紹了《史記》在「史部」是正史鼻祖，在「集部」是散文大宗，在「子部」是一家之言，這三樣成就已經非常了不起，但這些都還不是《史記》最重要的特質。《史記》最重要也最特殊的價值，在於它是「百王大法」。

什麼是「百王大法」？這必須從中國學術的大傳統開始說起。

中國學術就其大體，可以劃分成王官學和百家言兩大分類。王官學是五帝三代的傳統學術，以《詩》、《書》、《禮》、《樂》、《易》、《春秋》六藝為代表；百家言是春秋戰國的新興學術，以陰陽、儒、墨、名、法、道德六家為代表。

中國最早論學而把春秋戰國學術分為六家的，就是司馬談的〈論六家要旨〉。他最後總結為「六家皆務為治」，用一個「治」字貫穿百家言。中國最早的典籍是六藝，太史公在〈太史公自序〉總結六藝之本質為「六藝於治一也」，也用一個「治」字貫穿六藝。

六藝中和政治最有關係的有兩部，一部是《尚書》，一部是《春秋》。太史公說：「《尚書》長於政，《春秋》長於治人」，「政」與「治人」相比，與這個「治」字更有關係的當然就是《春秋》。而在〈太史公自序〉中，太史公不斷以《史記》比附《春秋》，更直接說出自己是為了「繼《春秋》」而作《史記》，由此可看出《史記》同樣是一部「論治之書」。中國史學傳統中，正是「以史論治」做為核心。

今人認為《春秋》是一部史書，其實《春秋》不只是一部史書。如果我們只以史書的觀點來看待《春秋》，就會發現《春秋》不僅簡單，更可以說是殘缺。怎麼說呢？一條歷史記載必須有時、地、人、事才算完整，但以《春秋》本文開宗明義的第一條為例，就只有六個字：「元年春王正月」，只有時，沒有地、沒有人也沒有事，王安石因此才說《春秋》是「斷爛朝報」。

可是在西漢人眼中，《春秋》其實是孔子借二百四十二年的歷史，表達自己的微言大義，這是當時人共同的認知。簡單地說，孔子只是假借這些史事來比喻，表達他心中能讓人群從據亂世到升平世到太平世，不斷進化到達最理想境界的治道與治法。正因如此，漢代人才認為《春秋》不只是一本史書，而是一本「撥亂反正」之書，所以才說孔子「志在春秋」。

而《史記》既然立志要「繼《春秋》」，當然也是一本「撥亂反正」之書。太史公把兩千年的歷史做一整體貫通式的觀察，從裡面分析歸納出歷代興衰成敗的根本道理，找出了後世聖人君子治理天下所應遵循的大經與大法。這些大經與大法的內容是什麼？例如寫〈秦本紀〉而得出「多難興邦，驕奢亡國」的結論，又例如寫〈秦始皇本紀〉而得出「用詐力終亡天下」的結論，也正是因為如此，清朝的包世臣推崇《史記》，說它「非僅一代良史，明為百王大法」，而這正是這部書最重要且獨特的價值之所在。

因此《史記》一書，於「史部」是正史鼻祖，於「集部」是散文大宗，於「子部」是一家之言，於「經部」是百王大法。《史記》之所以了不起，正在於它以一部書卻身兼經、史、子、集的特質。後世不論出現再多的書，能夠如此宏偉貫通之作，除了《史記》再沒有第二本了。《史記》的偉大、崇高與特殊，即在於此。

寫到這裡，各位可能會以為〈太史公自序〉應該已經全部講解完了。其實還沒有。因為最後還有一個非常重要的問題想問各位：《史記》這部書，究竟是寫給誰看的？

大凡每一篇文章乃至每一部書，作者心中多半都有理想的讀者，這讀者可能是某一個人，也可能是某一群人。如果你不明白這本書是寫給誰讀的，基本上你就很難真正看懂這本書的用意。例如我這本書，基本上就是給對《史記》乃至中國文化有興趣的人來讀的。那麼《史記》預設的理想讀者，究竟是一群什麼樣的人呢？

如果各位還沒忘記，〈太史公自序〉最後說「俟後世聖人君子」，這就是太史公預設的《史記》理想讀者。《史記》這部書，是打算寫給聖人君子看的。

明白這一點之後，我們就得自問：「那我們是聖人君子嗎？」

我想多數人的答案，恐怕都不是。

如果我們不是聖人君子，可是已經讀了《史記》，那該怎麼辦呢？難道就趕快把書丟下，裝作從來沒有讀過嗎？當然不是。

人生是由選擇決定的，境界是由自我要求決定的。面對「學海無涯」，你可以選擇「回頭是岸」，也可以選擇「惟勤是岸」。如果我們不是聖人君子，而如今又讀了《史記》，更深深為太史公的志向與思想所感動，那大家就應該開始勉勵自己，成為一個聖人君子！

成為聖人君子，這有可能嗎？當然可能，只是看你願不願意選擇罷了。顏淵說：「舜何？人也！予何？人也！有為者亦若是！」聖人是什麼？不過就是人罷了。君子是什麼？不過就是人罷了。只是他們願意立志，願意自我要求，所以才能成就聖人君子的境界。而我們是什麼？不也是和他們一樣的人嗎？

人人皆可以為堯、舜，人人皆可以為聖人君子，這就是中國文化奮鬥的目標。事在人為，一切都看你有沒有這樣的自我要求。「讀聖賢書，所學何事」，從今天起，希望各位都能勉勵自己成為新的聖人君子，願中華文明的智慧，能夠帶領人類走向光明。

附錄

太史公自序第七十

昔在顓頊，命南正重以司天，北正黎以司地。唐虞之際，紹重黎之後，使復典之。至于夏商，故重黎氏世序天地。其在周，程伯休甫其後也。當周宣王時，失其守而為司馬氏。司馬氏世典周史。惠襄之閒，司馬氏去周適晉。晉中軍隨會奔秦，而司馬氏入少梁。

自司馬氏去周適晉，分散，或在衛，或在趙，或在秦。其在衛者，相中山。在趙者，以傳劍論顯，蒯聵其後也。在秦者名錯，與張儀爭論，於是惠王使錯將伐蜀，遂拔，因而守之。錯孫靳，事武安君白起。而少梁更名曰夏陽。靳與武安君阬趙長平軍，還而與之俱賜死杜郵，葬於華池。靳孫昌，昌為秦主鐵官，當始皇之時。蒯聵玄孫卬為武信君將而徇朝歌。諸侯之相王，王卬於殷。漢之伐楚，卬歸漢，以其地為河內郡。昌生無澤，無澤為漢市長。無澤生喜，喜為五大夫，卒，皆葬高門。喜生談，談為太史公。

太史公學天官於唐都，受《易》於楊何，習道論於黃子。太史公仕於建元、元封之閒，愍學者之不達其意而師悖，乃論六家之要指曰：

《易》大傳：「天下一致而百慮，同歸而殊塗。」夫陰陽、儒、墨、名、法、道德，此務為治者也，直所從言之異路，有省不省耳。嘗竊觀陰陽之術，大祥而眾忌諱，使人拘而多所畏；然其序四時之大順，不可失也。儒者博而寡要，勞而少功，是以其事難盡從；然其序君臣父子之禮，列夫婦長幼之別，不可易也。墨者儉而難遵，是以其事不可徧循；然其彊本節用，不可廢也。法家嚴而少恩；然其正君臣上下之分，不可改矣。名家使人儉而善失真；然其正名實，不可不察也。道家使人精神專一，動合無形，贍足萬物。其為術也，因陰陽之大順，采儒、墨之善，撮名、法之要，與時遷移，應物變化。立俗施事，無所不宜，指約而易操，事少而功多。儒者則不然。以為人主天下之儀表也，主倡而臣和，主先而臣隨。如此則主勞而臣逸。至於大道之要，去健羨，絀聰明，釋此而任術。夫神大用則竭，形大勞則敝。形神騷動，欲與天地長久，非所聞也。

大陰陽，四時、八位、十二度、二十四節各有教令，順之者昌，逆之者不死則亡。未必然也，故曰「使人拘而多畏」。夫春生夏長，秋收冬藏，此天道之大經也，弗順則無以為天下綱紀，故曰「四時之大順，不可失也」。

夫儒者以六蓺為法。六蓺經傳以千萬數，累世不能通其學，當年不能究其禮，故曰「博而寡要，勞而少功」。若夫列君臣父子之禮，序夫婦長幼之別，雖百家弗能易也。

墨者亦尚堯舜道，言其德行曰：「堂高三尺，土階三等，茅茨不翦，采椽不刮。食土簋，啜土刑，糲粱之食，藜藿之羹。夏日葛衣，冬日鹿裘。」其送死，桐棺三寸，舉音不盡其哀。教喪禮，必以此為萬民之率。使天下法若此，則尊卑無別也。夫世異時移，事業不必同，故曰「儉而難遵」。要曰彊本節用，則人給家足之道也。此墨子之所長，雖百家弗能廢也。

法家不別親疏，不殊貴賤，一斷於法，則親親尊尊之恩絕矣。可以行一時之計，而不可長用也，故曰「嚴而少恩」。若尊主卑臣，明分職不得相踰越，雖百家弗能改也。

名家苛察繳繞，使人不得反其意，專決於名而失人情，故曰「使人儉而善失真」。若夫控名責實，參伍不失，此不可不察也。

道家無為，又曰無不為，其實易行，其辭難知。其術以虛無為本，以因循為用。無成埶，無常形，故能究萬物之情。不為物先，不為物後，故能為萬物主。有法無法，因時為業；有度無度，因物與合。故曰「聖人不朽，時變是守。虛者道之常也，因者君之綱」也。羣臣並至，使各自明也。其實中其聲者謂之端，實不中其聲者謂之窾。窾言不聽，姦乃不生，賢不肖自分，白黑乃形。在所欲用耳，何事不成。乃合大道，混混冥冥。光燿天下，復反無名。凡人所生者神也，所託者形也。神大用則竭，形大勞則敝，形神離則死。死者不可復生，離者不可復反，故聖人重之。由是觀之，神者生之本也，形者生之具也。不先定其神，而曰「我有以治天下」，何由哉？

太史公既掌天官，不治民。有子曰遷。

遷生龍門，耕牧河山之陽。年十歲則誦古文。二十而南游江、淮，上會稽，探禹穴，闚九疑，浮於沅、湘；北涉汶、泗，講業齊、魯之都，觀孔子之遺風，鄉射鄒、嶧；戹困鄱、薛、彭城，過梁、楚以歸。於是遷仕為郎中，奉使西征巴、蜀以南，南略邛、笮、昆明，還報命。

是歲天子始建漢家之封，而太史公留滯周南，不得與從事，故發憤且卒。而子遷適使反，見父於河、洛之間。太史公執遷手而泣曰：「余先周室之太史也。自上世嘗顯功名於虞夏，典天官事。後世中衰，絕於予乎？汝復為太史，則續吾祖矣。今天子接千歲之統，封泰山，而余不得從行，是命也夫，命也夫！余死，汝必為太史；為太史，無忘吾所欲論著矣。且夫孝始於事親，中於事君，終於立身。揚名於後世，以顯父母，此孝之大者。夫天下稱誦周公，言其能論歌文武之德，宣周邵之風，達太王王季之思慮，爰及公劉，以尊后稷也。幽厲之後，王道缺，禮樂衰，孔子脩舊起廢，論《詩》《書》，作《春秋》，則學者至今則之。自獲麟以來四百有餘歲，而諸侯相兼，史記放絕。今漢興，海內一統，明主賢君忠臣死義之士，余為太史而弗論載，廢天下之史文，余甚懼焉，汝其念哉！」遷俯首流涕曰：「小子不敏，請悉論先人所次舊聞，弗敢闕。」

卒三歲而遷為太史令，紬史記石室金匱之書。五年而當太初元年，十一月甲子朔旦冬至，天曆始改，建於明堂，諸神受紀。

太史公曰：「先人有言：『自周公卒五百歲而有孔子。孔子卒後至於今五百歲，有能紹明世，正《易》傳，繼《春秋》，本《詩》《書》《禮》《樂》之際？』意在斯乎！意在斯乎！小子何敢讓焉。」

上大夫壺遂曰：「昔孔子何為而作《春秋》哉？」太史公曰：「余聞董生曰：『周道

衰廢，孔子為魯司寇，諸侯害之，大夫壅之。孔子知言之不用，道之不行也，是非二百四十二年之中，以為天下儀表，貶天子，退諸侯，討大夫，以達王事而已矣。』子曰：『我欲載之空言，不如見之於行事之深切著明也。』夫《春秋》，上明三王之道，下辨人事之紀，別嫌疑，明是非，定猶豫，善善惡惡，賢賢賤不肖，存亡國，繼絕世，補敝起廢，王道之大者也。《易》著天地陰陽四時五行，故長於變；《禮》經紀人倫，故長於行；《書》記先王之事，故長於政；《詩》記山川谿谷禽獸草木牝牡雌雄，故長於風；《樂》樂所以立，故長於和；《春秋》辯是非，故長於治人。是故《禮》以節人，《樂》以發和，《書》以道事，《詩》以達意，《易》以道化，《春秋》以道義。撥亂世反之正，莫近於《春秋》。《春秋》文成數萬，其指數千。萬物之散聚皆在《春秋》。《春秋》之中，弒君三十六，亡國五十二，諸侯奔走不得保其社稷者不可勝數。察其所以，皆失其本已。故《易》曰『失之豪釐，差以千里』。故曰『臣弒君，子弒父，非一旦一夕之故也，其漸久矣』。故有國者不可以不知《春秋》，前有讒而弗見，後有賊而不知；為人臣者不可以不知《春秋》，守經事而不知其宜，遭變事而不知其權。為人君父而不通於《春秋》之義者，必蒙首惡之名；為人臣子而不通於《春秋》之義者，必陷篡弒之誅，死罪之名。其實皆以為善，為之不知其義，被之空言而不敢辭。夫不通禮義之旨，至於君不君，臣不臣，父不父，子不子。夫君不君則犯，臣不臣則誅，父不父則無道，子不子則不孝。此四行者，天下之大過也。以天下之大過予之，則受而弗敢辭。故《春秋》者，禮義之大宗也。夫禮禁未然之前，法施已然之後；法之所為用者易見，而禮之所為禁者難知。」

壺遂曰：「孔子之時，上無明君，下不得任用，故作《春秋》，垂空文以斷禮義，當一王之法。今夫子上遇明天子，下得守職，萬事既具，咸各序其宜，夫子所論，欲以何明？」

太史公曰：「唯唯，否否，不然。余聞之先人曰：『伏羲至純厚，作《易》八卦。堯舜之盛，《尚書》載之，《禮》《樂》作焉。湯武之隆，《詩》人歌之。《春秋》采善貶惡，推三代之德，褒周室，非獨刺譏而已也。』漢興以來，至明天子，獲符瑞，封禪，改正朔，易服色，受命於穆清，澤流罔極，海外殊俗，重譯款塞，請來獻見者，不可勝道。臣下百官力誦聖德，猶不能宣盡其意。且士賢能而不用，有國者之恥；主上明聖而德不布聞，有司之過也。且余嘗掌其官，廢明聖盛德不載，滅功臣世家賢大夫之業不述，墮先人所言，罪莫大焉。余所謂述故事，整齊其世傳，非所謂作也，而君比之於《春秋》，謬矣。」

於是論次其文。七年而太史公遭李陵之禍，幽於縲紲。乃喟然而歎曰：「是余之罪也夫！是余之罪也夫！身毀不用矣。」退而深惟曰：「夫《詩》《書》隱約者，欲遂其志之思也。昔西伯拘羑里，演《周易》；孔子戹陳蔡，作《春秋》；屈原放逐，著《離騷》；

左丘失明，厥有《國語》；孫子臏腳，而論《兵法》；不韋遷蜀，世傳《呂覽》；韓非囚秦，《說難》、《孤憤》；《詩》三百篇，大抵賢聖發憤之所為作也。此人皆意有所鬱結，不得通其道也，故述往事，思來者。」於是卒述陶唐以來，至于麟止，自黃帝始。

維昔黃帝，法天則地，四聖遵序，各成法度；唐堯遜位，虞舜不台；厥美帝功，萬世載之。作〈五帝本紀〉，第一。

維禹之功，九州攸同，光唐虞際，德流苗裔；夏桀淫驕，乃放鳴條。作〈夏本紀〉，第二。

維契作商，爰及成湯；太甲居桐，德盛阿衡；武丁得說，乃稱高宗；帝辛湛湎，諸侯不享。作〈殷本紀〉，第三。

維弃作稷，德盛西伯；武王牧野，實撫天下；幽厲昏亂，既喪酆鎬；陵遲至赧，洛邑不祀。作〈周本紀〉，第四。

維秦之先，伯翳佐禹；穆公思義，悼豪之旅；以人為殉，詩歌〈黃鳥〉；昭襄業帝。作〈秦本紀〉，第五。

始皇既立，并兼六國，銷鋒鑄鐻，維偃干革，尊號稱帝，矜武任力；二世受運，子嬰降虜。作〈始皇本紀〉，第六。

秦失其道，豪桀並擾；項梁業之，子羽接之；殺慶救趙，諸侯立之；誅嬰背懷，天下非之。作〈項羽本紀〉，第七。

子羽暴虐，漢行功德；憤發蜀漢，還定三秦；誅籍業帝，天下惟寧，改制易俗。作〈高祖本紀〉，第八。

惠之早霣，諸呂不台；崇彊祿、產，諸侯謀之；殺隱幽友，大臣洞疑，遂及宗禍。作〈呂太后本紀〉，第九。

漢既初興，繼嗣不明，迎王踐祚，天下歸心；蠲除肉刑，開通關梁，廣恩博施，厥稱太宗。作〈孝文本紀〉，第十。

諸侯驕恣，吳首為亂，京師行誅，七國伏辜，天下翕然，大安殷富。作〈孝景本紀〉，第十一。

漢興五世，隆在建元。外攘夷狄，內脩法度，封禪，改正朔，易服色。作〈今上本紀〉，第十二。

維三代尚矣，年紀不可考，蓋取之譜牒舊聞，本于茲，於是略推，作〈三代世表〉，第一。

幽厲之後，周室衰微，諸侯專政，《春秋》有所不紀；而譜牒經略，五霸更盛衰，欲睹周世相先後之意，作〈十二諸侯年表〉，第二。

春秋之後，陪臣秉政，彊國相王；以至于秦，卒并諸夏，滅封地，擅其號。作〈六國年表〉，第三。

秦既暴虐，楚人發難，項氏遂亂，漢乃扶義征伐；八年之閒，天下三嬗，事繁變眾，故詳著〈秦楚之際月表〉，第四。

漢興已來，至于太初百年，諸侯廢立分削，譜紀不明，有司靡踵，彊弱之原云以世。作〈漢興已來諸侯年表〉，第五。

維高祖元功，輔臣股肱，剖符而爵，澤流苗裔，忘其昭穆，或殺身隕國。作〈高祖功臣侯者年表〉，第六。

惠景之閒，維申功臣宗屬爵邑，作〈惠景閒侯者年表〉，第七。

北討彊胡，南誅勁越，征伐夷蠻，武功爰列。作〈建元以來侯者年表〉，第八。

諸侯既彊，七國為從，子弟眾多，無爵封邑，推恩行義，其埶銷弱，德歸京師。作〈王子侯者年表〉，第九。

國有賢相良將，民之師表也。維見漢興以來將相名臣年表，賢者記其治，不賢者彰其事。作〈漢興以來將相名臣年表〉，第十。

維三代之禮，所損益各殊務，然要以近性情，通王道，故禮因人質為之節文，略協古今之變。作〈禮書〉，第一。

樂者，所以移風易俗也。自《雅》《頌》聲興，則已好鄭衛之音，鄭衛之音所從來久矣。人情之所感，遠俗則懷。比〈樂書〉以述來古。作〈樂書〉，第二。

非兵不彊，非德不昌，黃帝、湯、武以興，桀、紂、二世以崩，可不慎歟？《司馬法》所從來尚矣，太公、孫、吳、王子能紹而明之，切近世，極人變。作〈律書〉，第三。

律居陰而治陽，曆居陽而治陰，律曆更相治，閒不容翲忽。五家之文怫異，維太初之元論。作〈曆書〉，第四。

星氣之書，多雜禨祥，不經；推其文，考其應，不殊。比集論其行事，驗于軌度以次，作〈天官書〉，第五。

受命而王，封禪之符罕用，用則萬靈罔不禋祀。追本諸神名山大川禮，作〈封禪書〉，第六。

維禹浚川，九州攸寧；爰及宣防，決瀆通溝。作〈河渠書〉，第七。

維幣之行，以通農商；其極則玩巧，并兼茲殖，爭於機利，去本趨末。作〈平準書〉以觀事變，第八。

太伯避歷，江蠻是適；文武攸興，古公王跡。闔廬弒僚，賓服荊楚；夫差克齊，子胥鴟夷；信嚭親越，吳國既滅。嘉伯之讓，作〈吳世家〉，第一。

申、呂肖矣，尚父側微，卒歸西伯，文武是師；功冠羣公，繆權于幽；番番黃髮，爰釁營丘。不背柯盟，桓公以昌，九合諸侯，霸功顯彰。田、闞爭寵，姜姓解亡。嘉父之謀，作〈齊太公世家〉，第二。

依之違之，周公綏之；憤發文德，天下和之；輔翼成王，諸侯宗周。隱桓之際，是獨何哉？三桓爭彊，魯乃不昌。嘉旦《金縢》，作〈周公世家〉，第三。

武王克紂，天下未協而崩。成王既幼，管蔡疑之，淮夷叛之，於是召公率德，安集王室，以寧東土。燕噲之禪，乃成禍亂。嘉《甘棠》之詩，作〈燕世家〉，第四。

管蔡相武庚，將寧舊商；及旦攝政，二叔不饗；殺鮮放度，周公為盟；大任十子，周以宗彊。嘉仲悔過，作〈管蔡世家〉，第五。

王後不絕，舜禹是說；維德休明，苗裔蒙烈。百世享祀，爰周陳杞，楚實滅之。齊田既起，舜何人哉？作〈陳杞世家〉，第六。

收殷餘民，叔封始邑，申以商亂，《酒》《材》是告，及朔之生，衞頃不寧；南子惡蒯聵，子父易名。周德卑微，戰國既彊，衞以小弱，角獨後亡。嘉彼《康誥》，作〈衞世家〉，第七。

嗟箕子乎！嗟箕子乎！正言不用，乃反為奴。武庚既死，周封微子。襄公傷於泓，君子孰稱。景公謙德，熒惑退行。剔成暴虐，宋乃滅亡。喜微子問太師，作〈宋世家〉，第八。

武王既崩，叔虞邑唐。君子譏名，卒滅武公。驪姬之愛，亂者五世；重耳不得意，乃能成霸。六卿專權，晉國以秏。嘉文公錫珪鬯，作〈晉世家〉，第九。

重黎業之，吳回接之；殷之季世，粥子牒之。周用熊繹，熊渠是續。莊王之賢，乃復國陳；既赦鄭伯，班師華元。懷王客死，蘭咎屈原；好諛信讒，楚并於秦。嘉莊王之義，作〈楚世家〉，第十。

少康之子，實賓南海，文身斷髮，黿鱓與處，既守封、禺，奉禹之祀。句踐困彼，乃用種、蠡。嘉句踐夷蠻能脩其德，滅彊吳以尊周室，作〈越王句踐世家〉，第十一。

桓公之東，太史是庸。及侵周禾，王人是議。祭仲要盟，鄭久不昌。子產之仁，紹世稱賢。三晉侵伐，鄭納於韓。嘉厲公納惠王，作〈鄭世家〉，第十二。

維驥騄耳，乃章造父。趙夙事獻，衰續厥緒。佐文尊王，卒為晉輔。襄子困辱，乃禽智伯。主父生縛，餓死探爵。王遷辟淫，良將是斥。嘉鞅討周亂，作〈趙世家〉，第十三。

畢萬爵魏，卜人知之。及絳戮干，戎翟和之。文侯慕義，子夏師之。惠王自矜，齊秦攻之。既疑信陵，諸侯罷之。卒亡大梁，王假廝之。嘉武佐晉文申霸道，作〈魏世家〉，第十四。

韓厥陰德，趙武攸興。紹絕立廢，晉人宗之。昭侯顯列，申子庸之。疑非不信，秦人

襲之。嘉厥輔晉匡周天子之賦，作〈韓世家〉，第十五。

完子避難，適齊為援，陰施五世，齊人歌之。成子得政，田和為侯。王建動心，乃遷于共。嘉威、宣能撥濁世而獨宗周，作〈田敬仲完世家〉，第十六。

周室既衰，諸侯恣行。仲尼悼禮廢樂崩，追脩經術，以達王道。匡亂世反之於正，見其文辭，為天下制儀法，垂六藝之統紀於後世。作〈孔子世家〉，第十七。

桀、紂失其道而湯、武作，周失其道而《春秋》作。秦失其政，而陳涉發迹，諸侯作難，風起雲蒸，卒亡秦族。天下之端，自涉發難。作〈陳涉世家〉，第十八。

成皋之臺，薄氏始基。詘意適代，厥崇諸竇。栗姬偩貴，王氏乃遂。陳后太驕，卒尊子夫。嘉夫德若斯，作〈外戚世家〉，第十九。

漢既譎謀，禽信於陳；越荊剽輕，乃封弟交為楚王，爰都彭城，以彊淮泗，為漢宗藩。戊溺於邪，禮復紹之。嘉游輔祖，作〈楚元王世家〉，第二十。

維祖師旅，劉賈是與；為布所襲，喪其荊、吳。營陵激呂，乃王琅邪；怵午信齊，往而不歸，遂西入關，遭立孝文，獲復王燕。天下未集，賈、澤以族，為漢藩輔。作〈荊燕世家〉，第二十一。

天下已平，親屬既寡；悼惠先壯，實鎮東土。哀王擅興，發怒諸呂，駟鈞暴戾，京師弗許。厲之內淫，禍成主父。嘉肥股肱，作〈齊悼惠王世家〉，第二十二。

楚人圍我滎陽，相守三年；蕭何填撫山西，推計踵兵，給糧食不絕，使百姓愛漢，不樂為楚。作〈蕭相國世家〉，第二十三。

與信定魏，破趙拔齊，遂弱楚人。續何相國，不變不革，黎庶攸寧。嘉參不伐功矜能，作〈曹相國世家〉，第二十四。

運籌帷幄之中，制勝於無形，子房計謀其事，無知名，無勇功，圖難於易，為大於細。作〈留侯世家〉，第二十五。

六奇既用，諸侯賓從於漢；呂氏之事，平為本謀，終安宗廟，定社稷。作〈陳丞相世家〉，第二十六。

諸呂為從，謀弱京師，而勃反經合於權；吳楚之兵，亞夫駐於昌邑，以戹齊趙，而出委以梁。作〈絳侯世家〉，第二十七。

七國叛逆，蕃屏京師，唯梁為扞；偩愛矜功，幾獲于禍。嘉其能距吳楚，作〈梁孝王世家〉，第二十八。

五宗既王，親屬洽和。諸侯大小為藩，爰得其宜，僭擬之事稍衰貶矣。作〈五宗世家〉，第二十九。

三子之王，文辭可觀。作〈三王世家〉，第三十。

末世爭利，維彼奔義；讓國餓死，天下稱之。作〈伯夷列傳〉，第一。

晏子儉矣，夷吾則奢；齊桓以霸，景公以治。作〈管晏列傳〉，第二。

李耳無為自化，清淨自正；韓非揣事情，循埶理。作〈老子韓非列傳〉，第三。

自古王者而有《司馬法》，穰苴能申明之。作〈司馬穰苴列傳〉，第四。

非信廉仁勇不能傳兵論劍，與道同符，內可以治身，外可以應變，君子比德焉。作〈孫子吳起列傳〉，第五。

維建遇讒，爰及子奢，尚既匡父，伍員奔吳。作〈伍子胥列傳〉，第六。

孔氏述文，弟子興業，咸為師傅，崇仁厲義。作〈仲尼弟子列傳〉，第七。

鞅去衛適秦，能明其術，彊霸孝公，後世遵其法。作〈商君列傳〉，第八。

天下患衡秦毋饜，而蘇子能存諸侯，約從以抑貪彊。作〈蘇秦列傳〉，第九。

六國既從親，而張儀能明其說，復散解諸侯。作〈張儀列傳〉，第十。

秦所以東攘雄諸侯，樗里、甘茂之策。作〈樗里甘茂列傳〉，第十一。

苞河山，圍大梁，使諸侯斂手而事秦者，魏冄之功。作〈穰侯列傳〉，第十二。

南拔鄢郢，北摧長平，遂圍邯鄲，武安為率；破荊滅趙，王翦之計。作〈白起王翦列傳〉，第十三。

獵儒墨之遺文，明禮義之統紀，絕惠王利端，列往世興衰。作〈孟子荀卿列傳〉，第十四。

好客喜士，士歸于薛，為齊扞楚魏。作〈孟嘗君列傳〉，第十五。

爭馮亭以權，如楚以救邯鄲之圍，使其君復稱於諸侯。作〈平原君虞卿列傳〉，第十六。

能以富貴下貧賤，賢能詘於不肖，唯信陵君為能行之。作〈魏公子列傳〉，第十七。

以身徇君，遂脫彊秦，使馳說之士南鄉走楚者，黃歇之義。作〈春申君列傳〉，第十八。

能忍詢於魏齊，而信威於彊秦，推賢讓位，二子有之。作〈范睢蔡澤列傳〉，第十九。

率行其謀，連五國兵，為弱燕報彊齊之讎，雪其先君之恥。作〈樂毅列傳〉，第二十。

能信意彊秦，而屈體廉子，用徇其君，俱重於諸侯。作〈廉頗藺相如列傳〉，第二十一。

湣王既失臨淄而奔莒，唯田單用即墨破走騎劫，遂存齊社稷。作〈田單列傳〉，第二十二。

能設詭說解患於圍城，輕爵祿，樂肆志。作〈魯仲連鄒陽列傳〉，第二十三。

作辭以諷諫，連類以爭義，《離騷》有之。作〈屈原賈生列傳〉，第二十四。

結子楚親，使諸侯之士斐然爭入事秦。作〈呂不韋列傳〉，第二十五。

曹子匕首，魯獲其田，齊明其信；豫讓義不為二心。作〈刺客列傳〉，第二十六。

能明其畫，因時推秦，遂得意於海內，斯為謀首。作〈李斯列傳〉，第二十七。

為秦開地益眾，北靡匈奴，據河為塞，因山為固，建榆中。作〈蒙恬列傳〉，第二十八。

填趙塞常山以廣河內，弱楚權，明漢王之信於天下。作〈張耳陳餘列傳〉，第二十九。

收西河、上黨之兵，從至彭城；越之侵掠梁地以苦項羽。作〈魏豹彭越列傳〉，第三十。

以淮南叛楚歸漢，漢用得大司馬殷，卒破子羽于垓下。作〈黥布列傳〉，第三十一。

楚人迫我京索，而信拔魏趙，定燕齊，使漢三分天下有其二，以滅項籍。作〈淮陰侯列傳〉，第三十二。

楚漢相距鞏洛，而韓信為填潁川，盧綰絕籍糧餉。作〈韓信盧綰列傳〉，第三十三。

諸侯畔項王，唯齊連子羽城陽，漢得以閒遂入彭城。作〈田儋列傳〉，第三十四。

攻城野戰，獲功歸報。噲、商有力焉，非獨鞭策，又與之脫難。作〈樊酈列傳〉，第三十五。

漢既初定，文理未明，蒼為主計，整齊度量，序律曆。作〈張丞相列傳〉，第三十六。

結言通使，約懷諸侯；諸侯咸親，歸漢為藩輔。作〈酈生陸賈列傳〉，第三十七。

欲詳知秦楚之事，維周緤常從高祖，平定諸侯。作〈傅靳蒯成列傳〉，第三十八。

徙彊族，都關中，和約匈奴；明朝廷禮，次宗廟儀法。作〈劉敬叔孫通列傳〉，第三十九。

能摧剛作柔，卒為列臣；欒公不劫於埶而倍死。作〈季布欒布列傳〉，第四十。

敢犯顏色，以達主義；不顧其身，為國家樹長畫。作〈袁盎朝錯列傳〉，第四十一。

守法不失大理，言古賢人，增主之明。作〈張釋之馮唐列傳〉，第四十二。

敦厚慈孝，訥於言，敏於行，務在鞠躬，君子長者。作〈萬石張叔列傳〉，第四十三。

守節切直，義足以言廉，行足以厲賢。任重權不可以非理撓。作〈田叔列傳〉，第四十四。

扁鵲言醫，為方者宗，守數精明；後世循序，弗能易也，而倉公可謂近之矣。作〈扁鵲倉公列傳〉，第四十五。

維仲之省，厥濞王吳，遭漢初定，以填撫江淮之閒。作〈吳王濞列傳〉，第四十六。

吳楚為亂，宗屬唯嬰賢而喜士，士鄉之，率師抗山東滎陽。作〈魏其武安列傳〉，第四十七。

智足以應近世之變，寬足用得人。作〈韓長孺列傳〉，第四十八。

勇於當敵，仁愛士卒，號令不煩，師徒鄉之。作〈李將軍列傳〉，第四十九。

自三代以來，匈奴常為中國患害；欲知彊弱之時，設備征討，作〈匈奴列傳〉，第五十。

直曲塞，廣河南，破祁連，通西國，靡北胡。作〈衛將軍驃騎列傳〉，第五十一。

大臣宗室以侈靡相高，唯弘用節衣食為百吏先。作〈平津侯列傳〉，第五十二。

漢既平中國，而佗能集楊越以保南藩，納貢職。作〈南越列傳〉，第五十三。

吳之叛逆，甌人斬濞，葆守封、禺為臣。作〈東越列傳〉，第五十四。

燕丹散亂遼閒，滿收其亡民，厥聚海東，以集真藩，葆塞為外臣。作〈朝鮮列傳〉，第五十五。

唐蒙使略通夜郎，而邛笮之君請為內臣受吏。作〈西南夷列傳〉，第五十六。

子虛之事，大人賦說，靡麗多誇，然其指風諫，歸於無為。作〈司馬相如列傳〉，第五十七。

黥布叛逆，子長國之，以填江淮之南，安剽楚庶民。作〈淮南衡山列傳〉，第五十八。

奉法循理之吏，不伐功矜能，百姓無稱，亦無過行。作〈循吏列傳〉，第五十九。

正衣冠立於朝廷，而羣臣莫敢言浮說，長孺矜焉；好薦人，稱長者，壯有溉。作〈汲鄭列傳〉，第六十。

自孔子卒，京師莫崇庠序，唯建元、元狩之間，文辭粲如也。作〈儒林列傳〉，第六十一。

民倍本多巧，姦軌弄法，善人不能化，唯一切嚴削為能齊之。作〈酷吏列傳〉，第六十二。

漢既通使大夏，而西極遠蠻，引領內鄉，欲觀中國。作〈大宛列傳〉，第六十三。

救人於戹，振人不贍，仁者有乎；不既信，不倍言，義者有取焉。作〈游俠列傳〉，第六十四。

夫事人君能說主耳目，和主顏色，而獲親近，非獨色愛，能亦各有所長。作〈佞幸列傳〉，第六十五。

不流世俗，不爭埶利，上下無所凝滯，人莫之害，以道之用。作〈滑稽列傳〉，第六十六。

齊、楚、秦、趙為日者，各有俗所用，欲循觀其大旨，作〈日者列傳〉，第六十七。

三王不同龜，四夷各異卜，然各以決吉凶。略闚其要，作〈龜策列傳〉，第六十八。

布衣匹夫之人，不害於政，不妨百姓，取與以時而息財富，智者有采焉。作〈貨殖列傳〉，第六十九。

維我漢繼五帝末流，接三代統業。周道廢，秦撥去古文，焚滅《詩》《書》，故明堂石室金匱玉版圖籍散亂。於是漢興，蕭何次律令，韓信申軍法，張蒼為章程，叔孫通定禮儀，則文學彬彬稍進，《詩》《書》往往閒出矣。自曹參薦蓋公言黃老，而賈生、晁錯明申、商，公孫弘以儒顯，百年之閒，天下遺文古事靡不畢集太史公。太史公仍父子相續纂其職。曰：「於戲！余維先人嘗掌斯事，顯於唐虞，至于周，復典之，故司馬氏世主天官，至於余乎。欽念哉！欽念哉！」罔羅天下放失舊聞，王迹所興，原始察終，見盛觀衰，論考之行事，略推三代，錄秦漢，上記軒轅，下至于茲，著十二本紀，既科條之矣。並時異世，年差不明，作十表。禮樂損益，律曆改易，兵權山川鬼神，天人之際，承敝通變，作八書。二十八宿環北辰，三十輻共一轂，運行無窮，輔拂股肱之臣配焉，忠信行道，以奉主上，作三十世家。扶義俶儻，不令己失時，立功名於天下，作七十列傳。凡百三十篇，五十二萬六千五百字，為《太史公書》。序略，以拾遺補蓺，成一家之言，厥協六經異傳，整齊百家雜語，藏之名山，副在京師，俟後世聖人君子。第七十。

太史公曰：余述歷黃帝以來至太初而訖，百三十篇。

HISTORY 034

呂世浩細說史記：入門篇

作　者—呂世浩
主　編—邱憶伶
責任編輯—陳詠瑜
責任企畫—葉蘭芳
封面設計—李莉君
內頁設計—張靜怡
插　畫—GUMA

總 編 輯—李采洪
董 事 長—趙政岷
出 版 者—時報文化出版企業股份有限公司
一〇八〇一九臺北市和平西路三段二四〇號三樓
發行專線—（〇二）二三〇六—六八四二
讀者服務專線—〇八〇〇—二三一—七〇五
（〇二）二三〇四—七一〇三
讀者服務傳真—（〇二）二三〇四—六八五八
郵撥—一九三四四七二四時報文化出版公司
信箱—一〇八九九臺北華江橋郵局第九九信箱
時報悅讀網—http://www.readingtimes.com.tw
時報出版愛讀者—http://www.facebook.com/readingtimes.fans
法律顧問—理律法律事務所　陳長文律師、李念祖律師
印　刷—勁達印刷有限公司
初版一刷—二〇一七年十二月十五日
初版十四刷—二〇二四年二月二十二日
定　價—新臺幣三〇〇元
（缺頁或破損的書，請寄回更換）

時報文化出版公司成立於一九七五年，
一九九九年股票上櫃公開發行，二〇〇八年脫離中時集團非屬旺中，
以「尊重智慧與創意的文化事業」為信念。

呂世浩細說史記：入門篇 / 呂世浩著 . -- 初版 . -- 臺北市：
時報文化 , 2017.12
192 面 ; 14.8×21 公分 . --（HISTORY ; 34）

ISBN 978-957-13-7143-6（平裝）

1. 史記　2. 通俗作品

610.11　　106016105

【圖片聲明】本書使用的圖片皆取自維基百科的公有領域或創用 CC，出版前已盡力釐清版權並依循使用權利，若仍有其他未盡之處，懇請見諒並不吝告知。

ISBN 978-957-13-7143-6
Printed in Taiwan